区域滨海旅游竞合与发展的实证研究

Quyu Binhai Lüyou Jinghe Yu Fazhan De Shizheng Yanjiu

王 强 李志勇 张育芬 著

U0330196

中山大学出版社
SUN YAT-SEN UNIVERSITY PRESS
·广州·

图书在版编目（CIP）数据

区域滨海旅游竞合与发展的实证研究/王强，李志勇，张育芬著. —广州：中山大学出版社，2024.8

ISBN 978 - 7 - 306 - 08096 - 7

Ⅰ.①区…　Ⅱ.①王…②李…③张…　Ⅲ.①　Ⅳ.①F592.765

中国国家版本馆 CIP 数据核字（2024）第 093265 号

出　版　人：王天琪
策划编辑：李先萍
责任编辑：高　莹
封面设计：曾　斌
责任校对：李先萍
责任技编：靳晓虹
出版发行：中山大学出版社
电　　话：编辑部 020 - 84110283，84113349，84111997，84110779，84110776
　　　　　发行部 020 - 84111998，84111981，84111160
地　　址：广州市新港西路 135 号
邮　　编：510275　　传　真：020 - 84036565
网　　址：http：//www.zsup.com.cn　E-mail：zdcbs@mail.sysu.edu.cn
印　刷　者：广东虎彩云印刷有限公司
规　　格：787mm×1092mm　1/16　12.25 印张　180 千字
版次印次：2024 年 8 月第 1 版　2024 年 8 月第 1 次印刷
定　　价：42.00 元

本书的出版获得以下项目的资助：

广东海洋大学工商管理重点学科项目（项目号：521306008002）

广东省教育厅创新强校工程项目"广东沿海经济带滨海旅游经济生态位及协调性发展研究"（项目号：2020WQNCX024）

广东海洋大学博士科研启动项目"滨海城市旅游生态安全评价、预测与调控研究"（项目号：R19042）

前　　言

　　笔者选取近年兴起并受到广泛关注的北部湾城市群和广东沿海经济带为研究对象，以区域滨海旅游城市长期历时演化数据为数据源，基于生态位、耦合协调度、修正引力、探索性空间自相关、地理探测器、社会网络、共生等多学科视角理论与模型方法对广东沿海经济带、北部湾城市群两个典型区域的滨海旅游竞合与发展状况开展了科学实证分析，并据此提出两个区域滨海旅游竞合与高质量发展的策略建议，这对区域滨海旅游研究理论的丰富与拓展以及沿海城市群、经济带等区域滨海旅游竞合与高质量发展实践具有一定的理论参考价值与实践意义。

　　本书总共分为十二章。第一章为研究文献述评，主要从区域滨海旅游生态位、区域旅游协同发展以及区域滨海旅游形象投射等方面进行文献述评，进而提出本书的创新之处；第二章为研究案例概况及研究意义，主要阐述选取北部湾城市群和广东沿海经济带两个区域的研究意义以及北海、湛江、茂名、阳江、广州、深圳、珠海、汕头、东莞、潮州、汕尾等主要滨海城市的区域概况；第三章为研究理论与方法，主要对生态位理论与模型、隶属函数协调度模型、耦合协调理论与模型、修正引力模型、社会网络分析方法、探索性空间自相关模型、地理探测器模型、共生理论展开全面而深入的阐释；第四到第六章为北部湾城市群案例分析，第七到第十章为广东沿海经济带案例分析。其中，第四章为北部湾城市群区域滨海旅游竞争生态位发展分析，主要从生态位宽度、重叠度视角对北部湾城市群滨海旅游竞争生态位展开综合测评与动态变迁分析；第五章为北部湾城市群区域滨海旅游协同合作发展水平分析，主要从协同发展理论出发，科学探讨区域滨海旅游协同发展水平及其动态演化特征；第六章为北部湾城市群区域滨海旅游形象投射与竞争分析，主要从形象投射与竞争视角对区域滨海旅游形象定位与竞争展开比较性分析；第七章为广东沿海经济带区域滨海旅游竞合生态位测评与演化分析，主要从生态位视角出发探讨滨海旅游生态位时空关联与演化特征及其驱动因素；第八章为广东沿海经济带区域滨海旅游"生态位－协调度"分析，主要从"生态位－协调度"的嵌套性理论视角出发，科学分析区域滨海旅游"生态位－协调度"状况；第九章为广东沿海经济带区域滨海旅游竞合发展的社会网络分析，主要从社会网络视角出发，深入研究区域滨海旅游整体网络与节点网络演化特征；第十章为广东沿海经济带西翼滨海旅游竞争生态位分析，主要从生态位扩充度、重叠度等视角出发，科学量化分析广东沿海经济带西翼滨海旅游竞合状况；第十一章为区域滨海旅游竞合高质量发展策略与建议，主要根据前述实证分析结果从生态位、共生、社会网络等多元视角出发，针对性地提出了北部湾城市群、广东沿海经济带两个区域滨海旅游竞合与高质量发展的策略建议；第十二章为研究结论，主要提炼并阐述两个区域滨海旅游竞合与发展的研究结论。

目　　录

第一章
研究文献述评

第一节　区域滨海旅游生态位研究述评

针对区域滨海旅游发展问题的探讨，国内外已经取得了较为丰硕的学术研究成果，研究内容主要聚焦于"滨海旅游开发与管理""滨海旅游区域竞争与合作""滨海旅游产业系统与结构""滨海旅游影响"等方面，但研究侧重点却存在分异，国内学者侧重于宏观性区域滨海旅游经济效应的考量，而国外学者更侧重于微观性区域滨海旅游可持续发展的社会、生态环境等问题的研究。近年来，滨海旅游业"量"的快速增长引起了学术界对滨海旅游发展"质"的高度关注，滨海旅游发展的不均衡及其与各种因素的耦合关系成为众多学者关注的热点议题。不少文献集中探讨了滨海旅游与城市发展、生态环境等因素的耦合协调关系，深入分析了区域滨海旅游发展的差异与质量。

国内学者黄芳在《优化旅游系统的生态学原理》一文中最早运用生态位理论开展旅游学领域的研究，奠定了国内旅游生态位研究的基础。生态位是指生物单元在特定的生态系统中与环境及其他生物单元相互作用过程中所形成的相对生态地位和作用。生态位虽属于生态学的概念范畴，但其同样适用于滨海旅游发展等人文具象的分析。随后，基于生态位理论的城市旅游竞争的相关研究逐渐增多，研究视角多为生态位宽度，研究内容主要聚焦于"竞合模式与策略""区域旅游可持续发展""空间格局"等，研究对象主要集中于"经济区""县市域""省域"。全面纵览学术界关于滨海旅游发展以及生态位的旅游应用相关研究文献，可以发现，目前仍缺乏以广东沿海经济带与北部湾城市群为研究对象而开展的滨海旅游发展实证研究成果，且生态位理论在滨海旅游业领域的应用性探讨不足，滨海旅游生态位动态演化的系统研究则更为少见，这是区域滨海城市旅游发展研究的一个重要缺口。

鉴于此，本书以北部湾城市群和广东沿海经济带为典型区域，从生态学"生态位"的跨学科理论视角出发，科学构建凸显区域海洋性特征的滨海旅游生态位测度指标体系，并以此科学测评区域滨海旅游生态位，全面深入地比较与分析区域滨海旅游生态位的宽度、扩充度及重叠度。此外，笔者还进一步采用地理空间分析方法深入探究区域滨海旅游生态位时空动态演变的地理特征及驱动因素，同时采用社会网络分析方法科学地探讨区域滨海旅游的社会网络特征及其演变规律。本书可为跨省域沿海城市群与经济带的旅游研究提供多元方法与视角，为区域滨海旅游产业规划、区域旅游竞合策略制定、区域滨海旅游协同高质量发展等相关决策提供科学参考。同时，本书聚焦滨海旅游生态位的学术探讨对于生态位理论丰富与应用拓展，对旅游学、生态学、地理学等多学科交叉研究等具有重要理论意义。

第二节　区域旅游协同发展研究述评

德国物理学家哈肯（Haken）在 1971 年首次提出了协同效应的概念，认为同一环境中各子系统间存在着相互影响而又相互促进的关系，并在 1977 年出版的《协同学导论》中系统地阐述了协同理论。

该理论应用广泛，可以用于分析与旅游相关的社会人文现象。1988年，塞萨（Sessa）从区域旅游的角度对旅游业进行研究，并且从定量和定性两个方面对旅游业的相互关联因素进行分析和测度，提出了"子系统在时空发展的同时也在通过不同的关系配置进行自我调节"的观点。1990年，麦克道尔（McDowell）提出了"与滨海环境相关的不同利益团体在滨海旅游休憩战略和滨海旅游休憩管理过程当中可以开展共同合作、交流、决策和管理"的观点。2004年，墨菲（Murphy）结合社区管理理论，提出了"旅游管理应在本地社区与旅游业间构建合理的合作关系"的观点，并开发了一个协作决策模型，进而了解和利用区域的旅游资源。2007年，伍先福等提出，区域旅游协作是一个有机的系统，若想将理论应用于实际，需要选取能够全面且系统地反映区域旅游协作运行过程的指标，并建立一个相应的系统评价模型。而学者方创琳认为，协同理论可以为城市群建设具有国际影响力的经济中心和构建命运共同体的两个目标提供理论层面的科学指导。

纵览上述旅游协同发展相关文献观点，笔者发现，关于城市群旅游协同发展的理论的探讨正在逐渐展开与深入，同时，在实证分析方面的探讨也愈加丰富。但是，目前旅游协同发展水平测度研究所采用的方法主要集中于耦合协同度、距离型协同度序参量、功效函数协同度、复合系统协同度模型、引力模型等，这些研究存在以下三点不足：第一，大多数研究以省域为单位，缺少以城市为视角测算协同发展度的研究；第二，这些文献大都基于子系统间的比较，未能从两两协作的角度进行评测；第三，局限于某一时间截面，未能从时间演化的角度反映系统的特征。此外，国内滨海旅游发展的研究对象多集中在较为知名的大中型城市及海岛，例如大连、青岛、秦皇岛、舟山群岛和海南岛等，而以近年兴起的北部湾城市群与广东沿海经济带为研究对象的文献偏少。基于此，本书尝试结合社会网络理论、协同学理论等相关学科理论，以广东沿海经济带和北部湾城市群为研究对象，以长期历时演化数据为基础数据源，构建区域滨海旅游协同发展指标体系，并从子系统之间的交互和关联的角度衡量区域滨海旅游协同发展的水平，以期探索区域滨海旅游协同发展的规律。

第三节　区域旅游形象投射研究述评

一、旅游投射形象研究述评

旅游目的地投射形象研究开始于旅游目的地营销研究领域，国外学者科特勒（Kotler）和巴里奇（Barich）于 1991 年率先提出旅游地"投射形象"和"接受形象"的概念，这两个概念分别从供给和需求两个方面定义了旅游地形象。一些学者基于供给角度认为，投射形象是指旅游地通过整合其内部的各种要素资源，以及有针对性的传播，吸引游客的一种特殊的形式。针对旅游目的地投射形象研究，本书采用的是亨特（Hunter）的观点，将投射形象定义为旅游目的地营销组织根据自身目标市场，通过精心策划进行塑造和传播的形象。

以往的研究多倾向于从游客感知角度研究旅游目的地形象，随着网络技术发展，互联网逐渐在传播旅游地形象上发挥重要作用，利用网络平台媒介数据对目的地投射形象的研究也日趋增加。例如，肖亮和赵黎明基于对两岸相关旅游网站的内容分析，研究了互联网宣传下的台湾地区旅游目的地形象的差异性；陈秀秀和王玉婷运用网络文本分析法提炼福建官方微博内容中关于旅游形象的高频词，构建语义网络，探究福建官方微博对潜在旅游者传递的投射形象。

近年来，随着旅游业网络营销的兴起，将旅游目的地的投射形象和旅游者感知形象结合起来加以对比分析两者的一致性或差距，并以此来验证旅游网络营销的效果成为旅游地形象研究领域的热点。部分学者采用网络文本对旅游地投射形象和感知形象进行对比研究，如学者石玉运用德尔菲法创建"清新福建"旅游形象关联词库，基于网络文本数据从品牌建设方面研究旅游目的地投射－感知差距程度及其差距。部分学者从网络图片角度对旅游地投射形象和感知形象进行对比研究，如尹丽等运用内容分析法从旅游摄影照片的角度对海口骑楼老街的官方投射形象和游客感知形象进行分析，为骑楼老街的发展提出建议；葛杨等通过搜集网络旅游平台上游客的游记照片和景区门户网站照片，对安吉竹子博览园的投射形象和感知形象进行了对比分析，对园区提出进一步改造意见。也有学者将文本与网络图片结合分析，如吴红焱和杨晓霞以网红景区重庆市万盛奥陶纪景区为案例，对其投射形象和感知形象进行对比分析。根据先前的研究，学者大多从网络文本以及图片中获取研究数据。对于数据的分析，学者通常使用内容分析法提取文本数据中投射形象与感知形象的高频词汇，同时对图片整合分类并进行定量描述或者利用语义网络关系进行对比分析。

二、旅游形象网络结构研究述评

国内旅游目的地形象网络结构研究通常采用内容分析法与社会网络分析法相结合的方式来比较分析旅游地投射形象与旅游者感知形象的异同。如仲宁等以江苏宜兴为例，根据旅游地高频词以及频率分布，先运用内容分析法获取文本的关注热点，再运用社会网络分析法构建高频词的社会网络关系图，分析各属类的关系，从而更深入地了解旅游目的地的形象；张鹏杨和郑婷、吕连琴和陈天玉采用同样的方法，以旅游目的地的官方数据和游客网络游记为研究对象，比较不同视角下旅游目的地形象的异同。

以往的研究样本主要以网络文本为主。王璐在此基础上丰富了旅游形象样本内容形式，将西安旅游目的地形象的文字、图片以及视频内容进行综合对比，分析投射形象与感知形象特征，并构建投射与感知形象偏差机理模型以解释差异出现的原因。

从研究对象来看，这些研究大多基于同一旅游目的地从官方与旅游者的角度进行对比分析。而从投射形象角度出发，对旅游目的地竞争者官方形象塑造方面的相互对比分析研究较少。截至书稿完成前，在中国知网检索后发现，仅有董引引以三亚与厦门为案例地，借助认知网络模型，对比分析在差异化定位中两地投射网络机制的异同特征。总体而言，以滨海旅游城市为例而展开的滨海旅游形象投射与竞争的探讨比较少。

综上，从当前有关旅游目的地形象的研究来看，学者们大多对旅游目的地形象是否被游客感知，以及游客感知形象是否实现官方投射形象宣传的预期目标的关注度比较高，而忽视了旅游目的地（尤其是滨海旅游地）竞争者旅游形象塑造的对比性分析视角。除此之外，以往的研究通常采用多元统计方法，如多维量表、因子分析。这些方法更倾向于关注旅游目的地的形象元素，以此分析影响旅游地感知最重要的因素。旅游目的地形象并非简单的形象元素堆积，而是一种复杂的认知网络结构。旅游目的地营销组织在竞争性推广时所采用的营销手段、形象和所宣传的口碑等，会对游客的感知形象产生影响。借助有效的定位策略和精准的市场定位，旅游目的地能够在激烈的市场竞争中获得更加有利的地位，从而促使更多的游客到访游玩，同时提高旅游目的地的品牌价值和市场影响力。所以，强调形象元素之间的相互作用和网络结构，超越形象元素定位的局限，能为旅游目的地形象差异化竞争定位带来新的机遇。

第二章
研究案例概况及研究意义

第一节　总体概况及研究意义①

一、北部湾城市群

北部湾城市群背靠祖国大西南、毗邻粤港澳、面向东南亚，位于全国"两横三纵"城镇化战略格局中沿海纵轴的最南端，是我国沿海沿边开放的交汇地区。中华人民共和国国家发展和改革委员会（简称国家发改委）发布的《北部湾城市群发展规划》指出，北部湾城市群由粤桂琼三省中环北部湾分布的 15 个市县构成，分别是广西壮族自治区玉林市、崇左市、钦州市、防城港市、南宁市、北海市，广东省湛江市、茂名市、阳江市及海南省海口市、儋州市、东方市、澄迈县、临高县、昌江黎族自治县。北部湾城市群陆域面积为 11.66 万平方千米，海岸线长 4234 千米，还包括相应海域。2015 年末，北部湾城市群常住人口为 4141 万人，占全国总人口量的 3.01%；地区生产总值为 16295 亿元，占全国 GDP 总量的 2.25%。据统计，截至 2020 年年底，北部湾城市群拥有国家 4A 级以上旅游景区 117 个，其

---

① 本节数据来源于《北部湾城市群发展规划》《广东省沿海经济带综合发展规划》。

中 5A 级景区 5 个；省级以上文物保护单位 408 处，其中国家级文物保护单位 50 处；省级以上非物质文化遗产名录 443 项，其中国家级 46 项。

北部湾城市群地处热带、亚热带，坐拥我国南部最大海湾，生态环境质量全国一流，港口、岸线、油气、农林、旅游资源丰富，地势平坦，国土开发利用潜力较大，环境容量也较大，人口经济承载力较强。北部湾城市群的经济增速近年持续保持在全国平均水平以上，海洋经济、休闲旅游等特色产业和临港型工业集群正逐步形成，创新创业活力不断涌现，人力资源较为丰富，经济综合实力不断增强。北部湾城市群各城市文化同源、人缘相亲、民俗相近，人文交流密切，区域认同感较强，粤桂琼三省（区）海洋、旅游、生态治理等领域合作不断加强，毗邻区域合作逐步推进。

随着区域旅游经济的日益发展，区域旅游产业竞争也愈发激烈，如何科学合理辨识区域城市旅游发展地位、态势以及城市间竞争作用关系与程度，进而采取可持续性的区域城市旅游发展策略，成为当今区域城市旅游系统健康发展亟须解决的重要命题。北部湾城市群是中华人民共和国国民经济和社会发展第十三个五年规划纲要（简称"十三五"规划）要求重点规划与发展的八大城市群之首。近年，国家发改委批复的《北部湾城市群发展规划》中明确提出要重点建设环湾滨海地区，打造北部湾滨海旅游带，构建城市群协作协同的旅游发展格局；同时《广东省沿海经济带综合发展规划》中强调构建粤桂琼海洋经济合作圈，以湛江等城市为依托推进粤桂琼旅游产业合作，打造粤桂琼滨海旅游"金三角"。良性和谐的滨海城市旅游竞合分工体系是北部湾城市群旅游产业协同协作、持续发展的重要基础。北部湾城市群作为我国唯一的跨省级行政区沿海沿边湾区城市群，跨越广东、广西、海南三省（区），涉及湛江市、阳江市、茂名市、海口市、钦州市、防城港市、北海市 7 个典型滨海城市，这些城市地缘相近、文化相亲、资源相似、市场趋同等特点却引发了城市群滨海城市间错综复杂的旅游时空竞争现象，它们互相争夺并抢占旅游业赖以生存和发展的要素资源。值此背景，综合研究北部湾城市群滨海城市旅游生态位，对于北部湾城市群滨海城市旅游竞争关系的优化与区域旅游产业协同高质量发展具有重要的时代价值与现实意义。

二、广东沿海经济带

广东沿海经济带是新时代广东省"一核一带一区"区域协调发展战略的重要组成部分。《广东省沿海经济带综合发展规划（2017—2030年）》中将沿海经济带划分为珠三角沿海片区、粤东沿海片区和粤西沿海片区，主要涉及广州、深圳、珠海、惠州、东莞、中山、江门、汕头、汕尾、潮州、揭阳、湛江、茂名、阳江14个沿海城市，同时提出了由环珠江口湾区、环大亚湾湾区、大广海湾区、大汕头湾区、大红海湾区、大海陵湾区和雷州半岛构成的"六湾区一半岛"统筹滨海区域发展。《广东海洋经济发展报告（2020）》显示，2019年滨海旅游业经济增加值占广东海洋产业经济增加值的52.5%。随着滨海旅游业经济增加值占广东海洋产业经济增加值的比重高达50%以上，滨海旅游业成为广东海洋产业结构的重要组成部分。广东沿海经济带滨海旅游资源赋存丰富且禀赋优越，截至2020年年初，全省共有31个3A级及以上滨海旅游景区。沿海经济带沿线城市近年旅游市场效益较为显著，2019年全年共接待游客5.3万人次，同比增长8.5%；海洋旅游总收入11782.7亿元，同比增长11.5%，其中国际旅游收入1297.6亿元，同比增长8.0%；海洋旅游经济增加值3581亿元，同比增长8.2%。无疑，滨海旅游经济已逐渐成为广东沿海经济带高质量发展的蓝色引擎。然而广东各沿海城市的滨海旅游业大都处于各自为政、同质化发展的混沌无序状态，区域滨海旅游协同一体化的空间发展格局尚未形成。值此背景下，如何科学、系统、动态地判断广东沿海经济带滨海旅游发展的竞争生态位，深入发掘区域滨海旅游发展水平的时空动态特征及其驱动因素，进而对采取有利于广东沿海经济带高质量发展、广东区域协调发展战略深化落实的区域滨海旅游协同发展策略，具有重要的时代价值与现实意义。因此，本书以广东沿海经济带为研究案例，从生态位、耦合协调度、社会网络等多学科融合的复合理论与方法视角出发，科学深入地分析区域滨海旅游竞合生态位、融合协调、社会网络等静态与动态双层状况，以期为广东滨海旅游产业政策制定，广东海洋经济与区域协调高质量发展，21 世纪海上丝绸之路、海洋强国战略推进等提供理论依据与决策支持。

第二节　主要滨海旅游城市概况①

一、湛江市概况

湛江市位于中国大陆最南端、广东省西南部，地处粤、琼、桂三省（区）交汇处，是中国三大半岛中唯一独占一个半岛的地级市，属于热带北缘季风气候。全市总面积为 13263 平方千米，海岸线总长 2023.6 千米，2019 年常住人口为 736 万人，国内生产总值 2019 年为 3064.72 亿元，同比增长 4%。湛江是广东省域副中心城市，是粤西地区的中心城市和北部湾区域的重要城市之一。作为全国首批沿海开放城市、首批"一带一路"海上合作支点城市和首批全国海洋经济创新发展示范城市，湛江在经济社会发展和城市建设等方面取得了诸多国家级名誉品牌，相继被评为"中国优秀旅游城市""国家园林城

---

① 本节数据主要来源于各个地市国民经济和社会发展统计公报。

市""国家卫生城市""中国海鲜美食之都""中国对虾之都""中国特色魅力城市"。湛江市三面环海,自然条件优越,发展历史悠久,文化底蕴深厚,拥有海陆兼备、自然人文交相辉映的丰富旅游资源。自然旅游资源方面,湛江以滨海、生态、火山地质旅游资源见长,拥有世界地质公园湖光岩玛珥湖、中国第一长滩——龙海天沙滩、中国最大的火山岛——硇洲岛、金沙湾滨海休闲旅游区、特呈岛度假村、吴川鼎龙吉兆湾国家海洋度假区、雷州乌石天成台度假村、高桥国家红树林自然保护区和徐闻珊瑚礁国家级自然保护区等一大批优质旅游资源。人文旅游资源方面,雷州文化与广府文化、潮汕文化、客家文化并列为"岭南四大文化",是岭南地区较为古老和持续时间较长的地方特色文化之一。拥有"国家级历史文化名城"、"中国民间文化艺术之乡"、"中国醒狮之乡"——遂溪县、"东方一绝"——东海岛人龙舞、"南方兵马俑"——雷州石狗等一大批文化金字招牌。截至2020年年底,湛江市共有市级以上文物保护单位174处,其中国家级文物保护单位4处,省级文物保护单位54处,市级文物保护单位116处;全市拥有国家级非物质文化遗产代表性项目9项,省级非物质文化遗产代表性项目45项,市级非物质文化遗产代表性项目92项,文化旅游资源类型多样,数量丰富,特色鲜明。近年来,湛江市积极发挥湛江建设琼州海峡北岸旅游区的优势,坚持与海南相向而行,突出做好"滨海旅游"这篇文章,以创建国家全域旅游示范市为目标,围绕建设北部湾旅游中心城市、南中国海洋度假休闲旅游中心和国际旅游半岛,推动"五岛一湾"滨海旅游产业园区建设,打造极具滨海特色的旅游城市。截至2019年年底,湛江共有旅游景点70处,A级以上旅游景区12家,其中4A级景区6家,3A级景区3家,2A级景区3家。2019年全市接待游客总人数6022.51万人次,同比增长16.4%;旅游总收入601.23亿元,同比增长17.6%;接待外国游客28.27万人次,同比增长6.4%;国际旅游外汇收入12521.12万美元，同比增长 6.8%。

二、茂名市概况

茂名市位于广东省西南部，东接阳江市，南邻南海，西连湛江市，北与云浮市和广西壮族自治区交界。全市行政全域土地总面积 11427.63 平方千米，2019 年常住人口为 641.15 万人，2019 年国内生产总值为 3252.34 亿元，同比增长 4.3%。茂名市是全省农业经济比较发达的城市之一、中国水果生产基地、"中国罗非鱼之都"及中国华南地区最大的石化基地，相继被评为"中国综合实力百强城市""国家园林城市""中国优秀旅游城市"。茂名曾于 2017 年入选"年度中国最具投资潜力城市 50 强"，获得央视节目《魅力中国城》的冠军，成为最受观众喜爱的魅力城市。茂名市依山傍海，自然山水、滨海岸线与人文古迹交相辉映，地方特色民俗风情浓郁，旅游资源在省内甚至国内均具有一定的优势，发展旅游业的条件得天独厚。在自然旅游资源方面，茂名以滨海、生态、温泉、矿产资源见长，拥有中国第一滩、放鸡岛、茂名水东湾海洋公园、国家热带农业公园、茂名森林公园、西江温泉度假村、粤龙山乡村生态旅游景区、露天矿生态公园等一大批优质旅游资源。在人文旅游资源方面，茂名是"三个代表"重要思想的发源地，是"高凉文化"重要的发源地、兴盛地和传承地。茂名拥有"高州广东省民间文化艺术之乡""化州中国橘红之乡""电白中国沉香之乡""信宜中国南玉之都"等一大批文化荣誉称号。截至 2021 年，全市共有 17 个 A 级景区，其中 4A 级景区 9 个，3A 级景区 8 个，国家级森林公园 1 处；拥有市级以上文物保护单位 63 处，其中国家级文物保护单位 2 处，省级文物保护单位 27 处，市级文物保护单位 34 处；国家级非物质文化遗产代表性项目 3 个，省级非物质文化遗产代表性项目 17 个，市级非物质文化遗产代表性项目 47 个，县级非物质文化遗产代表性项目 112 个；省级非物质文化遗产传承基地共 4 个；省级非物质文化遗产研究基地 1 个。2019 年，全市住宿设施接待过夜游客 1551.29 万人次，同比增长 10.9%。其中，接待入境游客 5.47 万人次，同比增长 9.4%；接待国内游客 1545.81 万人次，同比增长 10.9%。旅游总收入为 476.09 亿元，同比增长 11.8%。其中，旅游外汇收入为 3338.43 万美元，同比增长 18.6%。星级酒店客房出租率为 67.2%。

三、阳江市概况

阳江市地处广东西南沿海，扼粤西要冲，是一个位于北回归线以南的城市，属亚热带季风气候。全市土地面积为 7955.9 平方千米，海岸线总长度为 458.6 千米，2019 年常住人口为 257.09 万人，2019 年全市实现地区生产总值 1292.18 亿元，同比增长 8.2%。近年来，阳江市相继获评为中国十大最具幸福感城市、中国优秀旅游城市、国家园林城市，拥有"中国风筝之乡""中国最具国际影响力旅游目的地""中国最佳生态旅游城市""国际王牌旅游目的地城市""中国诗词之市""中国温泉之乡""中国南海渔都""中国春砂仁之乡"等荣誉称号。阳江旅游资源丰富，不仅拥有水优沙净的海岛海滩、生态优美的田园风光、优质的温泉群、喀斯特峰林、高山瀑布和森林湖泊等自然资源，还拥有古村落、古港口、博物馆、节庆活动等特色鲜明的人文旅游资源，并被漠阳文化、海上丝绸之路文化、疍家文化、红色文化等多种文化浸润形成以山海资源为核心的旅游资源格局。另外，阳江拥有马尾岛、十里银滩、金沙滩、凌霄岩、玉溪三洞、花滩森林公园、塘口森林、岗美华侨农场、东水避暑山庄、鹅凰峰、八甲仙湖、八甲温泉等一大批优质的自然旅游资源。而且，阳江也有闸坡渔港、阳东东平渔港、阳西沙扒湾等人文旅游资源景点。目前阳江市共有 5A 级景区 1 个、4A 级景区 2 个、3A 级景区 9 个，以及全国重点文物保护单位独石仔古人类洞穴遗址、国家级非物质文化遗产阳江漆器髹饰技艺和 4 个省级森林公园。截至 2024 年，阳江市共有 2 处国家级文物保护单位和 12 处省级文物保护单位。截至 2021 年年初，阳江市非物质文化遗产项目共有 87 项，包括国家级 1 项、省级 13 项、市级 32 项、县级 41 项。近年来，阳江依靠其丰富的生物、旅游、文化等资源大力发展滨海旅游业。2019 年，阳江市实现旅游总收入 349.39 亿元，同比增长 13.5%。其中国内旅游收入 346.04 亿元，同比增长 13.5%。全年接待游客总人数 2709.88 万人次，同比增长 15.9%。其中，接待国际游客 7.85 万人次，同比增长 9.6%；接待国内游客 1622.84 万人次，同比增长 10.3%。根据《阳江市全域旅游发展规划（2019—2030）》，阳江市将采用"山海联动"的空间发展模式，形成"一核、一轴、三廊、三区、七组团"的全域旅游空间发展格局，全力打造山地养生、生态山林、乡村田园、生态康养、活力滨海、丝路岛屿、文化滨海七大特色化组团，努力建设成为世界海丝文化滨海休闲旅游目的地、国家全域旅游示范区和粤港澳大湾区最佳轻度假旅游目的地。

四、北海市概况

北海市地处广西壮族自治区南端、北部湾东北岸，东邻广东省，南部与海南省隔海相望，西部毗邻越南，属亚热带海洋性季风气候。全市总面积为 3337 平方千米，2019 年常住人口为 170.07 万人，2019 年地区生产总值为 1300.80 亿元，同比增长 8.1%。北海市具有深厚的文化底蕴，历史上曾是"海上丝绸之路"的重要始发港之一。北海开放历史悠久，在改革开放早期就被列入全国首批 14 个对外开放沿海城市名录，是中国西部地区最早对外开放的城市。北海同时也是国家历史文化名城、广西北部湾经济区重要组成城市，有"南方北戴河""东方夏威夷"之美称。北海旅游资源十分丰富，拥有"滨海""风光""人文""古迹"四大类旅游资源和"海水""海滩""海岛""海鲜""海珍""海底珊瑚""海洋动物""海上森林""海上航线""海洋文化"十大海洋旅游特色。在风景名胜方面,有涠洲岛旅游区、北海银滩国家旅游度假区、星岛湖旅游度假区、斜阳岛、冠头岭国家森林公园、山口国家级红树林自然保护区、儒艮(美人鱼)国家级自然保护区、海底世界、海洋之窗等一批一流的旅游景点景区。在人文资源方面,两千年的历史赋予了北海丰厚的人文意蕴、特定的地缘区位、良好的港口、丰富的物产资源,造就了厚重、灿烂的汉墓文化、海上丝绸之路文化、南珠文化、近代开放文化、民俗文化。北海市拥有已有九百年历史的东坡亭和明清时期修建的文昌塔、魁星楼,而永安大士阁更是全国重点文物保护单位。截至 2022 年,全市拥有国家级文物保护单位 7 家,自治区级文物保护单位 17 家;拥有国家级非物质文化遗产项目 2 项,自治区级非物质文化遗产项目 25 项。近年来,北海市充分发挥旅游资源丰富、文化底蕴深厚的优势,构建旅游发展新格局,成为广西首个全域旅游示范市,获评"中国十大秀美城市"和"中国最佳文化旅游名城"称号。2019 年全市共接待国内游客 5278.85 万人次,同比增长 34.1%;实现国内旅游收入 694.63 亿元,同比增长 39.0%;接待入境游客 17.68 万人次,同比增长 10.1%;入境旅游收入 8149.32 万美元,同比增长 13.1%。全市共有星级饭店 32 家,旅行社 73 家,A 级旅游景区(点)26 个,其中 5A 级 1 个,4A 级 9 个。根据《北海市旅游文化体育广电发展"十四五"规划》,北海将在"十四五"期间大力发展大健康和文旅产业,开发生态度假类旅游产品,加快建设北海银基、国际邮轮母港、海丝首港、高德滨海文旅综合体、新奥康乐旅游港等一批大型综合文旅项目,打造以滨海休闲、海岛度假、海洋运动、康养旅居、体育冬训为代表的冬季旅游产品体系,形成以海滩、海岛、湿地等为特色的滨海避暑产品和避寒养生品牌,建设世界级滨海度假旅游目的地。

五、钦州市概况

钦州市隶属于广西壮族自治区，地处广西南部沿海、北部湾北岸，东与北海市和玉林市相连，南临钦州湾，西与防城港市毗邻，北与南宁市接壤。全市陆地总面积为10897平方千米，2019年地区生产总值为1356.27亿元，同比增长7.8%，2019年常住人口为332.41万人。钦州市是"一带一路"南向通道陆海节点城市，北部湾城市群的重要城市，曾相继获得"中国特色魅力城市""中国坭兴陶之都""中国荔枝之乡""中国奶水牛之乡""中国香蕉之乡""中国大蚝之乡""中国果园鸡之乡""中国黑叶荔之乡"等美誉。钦州是一个自然风光与人文古迹交相辉映的滨海旅游城市。自然资源方面，拥有三娘湾滨海旅游景区、麻蓝头岛、"海上大熊猫"——中华白海豚的世代栖息地、被誉为"南国蓬莱"和"水上桂林"的七十二泾等滨海特色旅游资源和八寨沟旅游景区、王岗山、"云海神峰"——五皇岭、六峰山风景名胜区等优质森林生态旅游资源。人文资源方面，拥有"全国中小学生爱国主义教育基地"——三宣堂、自治区级文物保护单位——冯子材故居、被誉为"中国荔枝之乡中的荔枝村"和"水果之乡的水果村"的大芦村等历史名胜古迹。截至2019年年底，钦州市共拥有国家4A级景区8家，国家级非物质文化遗产2项，自治区级非物质文化遗产25项，市级非物质文化遗产56项，县级非物质文化遗产39项；拥有国家级文物保护单位5个，自治区级文物保护单位25个，市级文物保护单位39个，县级文物保护单位39个。近年来，钦州市认真贯彻落实国家和自治区关于加快全域旅游发展的战略部署和决策，按照"旅游治理规范化、旅游发展全域化、旅游供给品质化、旅游参与全民化、旅游效应最大化"的目标，以创建全域旅游示范区为抓手，加强重点项目投入，进一步建设完善文旅设施，深入优化旅游环境，强化行业监管，全力提升管理水平与服务质量，有效促进全域旅游发展。2019 年，全市全年接待旅游总人数 4996.4 万人次，同比增长 36.91%；旅游总消费 521.83 亿元，同比增长 40.18%。其中，共接待国内游客 4988.03 万人次，实现国内旅游消费 519.21 亿元；接待入境游客 8.368 万人次，含外国人 3743 人次，实现旅游外汇收入 3792.77 万美元。根据《钦州市文化广电体育和旅游发展"十四五"规划》，钦州将以获评"广西全域旅游示范市"为契机，围绕打造"江海宜居城"，突出岭南古城、滨海风光、英雄故里、桂风壮韵特色，加快历史文化街区保护和开发，推动广西钦州城乡融合发展试验区"农文旅"项目，建设更有品牌效应的文旅项目，加快推动北部湾滨海休闲中心城市建设。

六、防城港市概况

防城港市位于广西南部沿海，是广西壮族自治区下辖地级市，东临钦州，西临崇左，西南部与越南接壤，是北部湾畔唯一的全海景生态海湾城市。全市总面积为 6242.94 平方千米，海岸线长 538.55 千米。2019 年生产总值为 701.23 亿元，常住人口为 96.36 万人。防城港是一座滨海城市、边关城市、港口城市，拥有沿边金融综合改革试验区、东兴国家重点开发开放试验区、中国东兴—越南芒街跨境经济合作区、东兴边境经济合作区、边境旅游试验区 5 个国家级改革创新平台。防城港素有"西南门户、边陲明珠"的美誉，曾相继获得"中国白鹭之乡""中国氧都""中国长寿之乡""中国金花茶之乡"等美称。防城港旅游资源丰富，原始森林探险、滨海休闲度假、边境跨国探秘、生态长寿养生、瑶京民族风情等独具魅力。防城港西部属于十万大山区域，拥有丰富的亚热带原始森林旅游资源，已建成十万大山国家森林公园、皇袍山森林乐园等森林生态旅游景区。南部濒临北部湾，海岸线漫长曲折，拥有数量众多的海岛、沙滩、火山地质旅游资源，已开发万尾金滩、白浪滩、火山岛、怪石滩等滨海旅游景区。同时，由于与越南隔河相望，防城港市拥有中国最大的陆路出国边境口岸——东兴口岸，依托多项边境旅游政策的支持，已成为我国公民赴越南旅游的重要边境口岸城市。防城港市拥有壮族、京族等少数民族，有令人称道的京族传统文化三颗明珠"唱哈""竹竿舞""独弦琴"，以及瑶、壮等少数民族多姿多彩的民俗风情。截至2019年年底，防城港拥有国家4A级景区6个；国家级文物保护单位1个，自治区级文物保护单位9个；国家级非物质文化遗产项目2项，自治区级非物质文化遗产项目10项，市级非物质文化遗产项目22项，文物保护点319个。近年来，防城港市高度重视旅游产业发展，重点打造"海边山"旅游品牌。尤其是随着防城港国家边境旅游试验区的获批，中共防城港市委员会出台了《中共防城港市委员会关于加快防城港边境旅游试验区建设的决定》等支持文旅产业发展的系列文件及政策后，防城港市旅游产业发展异常迅速，目前已成为广西沿海最受欢迎的滨海旅游城市之一。2019年，防城港市全年共接待国内外游客3671.44万人次，同比增长32.8%。其中，接待国内游客3651.69万人次，同比增长32.9%；接待入境过夜游客19.75万人次，同比增长5.9%。全年旅游总消费达335.01亿元，同比增长39.5%。《防城港市"十四五"文化和旅游发展规划》指出，防城港将通过抓景区、强龙头，引领构建文旅发展新格局，重点推动防城港边境旅游试验区提质升级，加快推进北部湾滨海休闲度假旅游区建设，打造中越边关风情旅游带，推动十万大山森林生态旅游区建设。同时，防城港市也会积极引进一批大项目，培育一批本土文艺创作演艺精品，打造一批精品赛事节庆活动；创新推进文旅融合，大力发展"文旅+农业""文旅+工业""文旅+康养""文旅+体育"；加快构建"海陆空"旅游交通体系，着力提升公共服务能力，加快推进智慧旅游建设；培养骨干企业，壮大中小企业，打造旅游企业集群；推进全方位立体化营销，做大做强旅游市场。

七、海口市概况

海口市地处海南岛北部，东邻文昌市，南接定安县，西连澄迈县，北临琼州海峡并与广东省隔海相望，是海南省省会城市，属热带季风气候。全市总面积为3126.83平方千米，海岸线总长136.23千米。2019年海口市常住人口为232.79万人，地区生产总值为1671.93亿元，同比增长7.5%。海口是中国优秀旅游城市、国家历史文化名城、全国文明城市和全国双拥模范城市，曾相继获得全球首批"国际湿地城市"、"中国十大美好生活城市"、"中国魅力城市"、"中国最具幸福感城市"等荣誉称号。海口风光秀丽，名胜古迹众多，不仅拥有风光旖旎的假日海滩、摄人心魄的马鞍山火山口、涨潮时出现"海上森林"奇观的东寨港红树林等自然旅游资源，还拥有被誉为"海南第一楼"的五公祠、明代清官海瑞的墓园，以及蜚声海外的琼台书院等一大批优秀的人文旅游资源。海口文物古迹众多，截至2019年年底，拥有市级及以上文物保护单位共126处，其中国家级文物保护单位7处，省级文物保护单位59处，市级文物保护单位60处。海口市共拥有国家级非物质文化遗产项目7项、省级非物质文化遗产项目10项。近年来，海口市充分发挥各类自然和人文旅游资源优势，打造系列特色节庆旅游品牌，持续开发适应社会需求的新型文化旅游产品，文化旅游产业发展迅速。据统计，2019年海口市共接待国内外游客2820.39万人次，同比增长5.6%；实现旅游总收入320.61亿元，同比增长7.6%。到2019年年末，全市拥有国家A级景区11个，其中4A级景区6个；星级宾馆酒店36家，其中五星级宾馆酒店4家。根据《海口市旅游业"十四五"发展规划》，海口市将立足海南自由贸易港建设，充分发挥海口国际交通枢纽的优势和人口、技术、园区、企业总部集聚的有利条件，大力发展热带滨海休闲旅游、免税购物旅游、高端娱乐旅游、康体养生旅游和会展旅游等，目标是打造成为世界级热带海洋休闲及滨海康养旅居目的地。

八、广州市概况

广州地处中国华南地区、珠江下游、濒临南海，是广东省辖地级市、广东省省会、副省级市、国家中心城市、超大城市，也是广州都市圈核心城市、国务院批复确定的中国重要的中心城市、国际商贸中心和综合交通枢纽、世界一线城市。广州属南亚热带季风气候，气候温和，海洋性气候特征显著。广州是首批国家历史文化名城之一，海上丝绸之路的起点之一，被誉为"千年商都"。截至 2022 年，全市下辖 11 个区，总面积为 7434.40 平方千米，常住人口为 1873.41 万人，城镇化率为 86.48%。2022 年，广州市实现地区生产总值 28839 亿元，按常住人口计算，人均地区生产总值为 153625 元。2022 年，广州市共接待过夜游客 3824.17 万人次，比上年下降 11.2%。其中，入境游客 154.12 万人次，同比下降 6.5%；境内游客 3670.05 万人次，同比下降 11.4%。在入境游客中，外国游客有 36.30 万人次，同比增长 3.6%；香港、澳门和台湾同胞有 117.81 万人次，同比下降 9.2%。旅游业总收入为 2246.03 亿元，同比下降 22.2%。旅游外汇收入为 10.68 亿美元，同比下降 0.8%。广州港口文化历史悠久，海上丝绸之路文化、海防文化和海洋工业文化遗迹遗址丰富。2019 年底，南沙国际邮轮母港举办开港首航活动，并开通往返香港、日本、越南、菲律宾等地航线 9 条。广州市深入挖掘海上丝绸之路文化、海商文化、海防历史遗迹等海洋文化资源，推进"海上丝绸之路"申报世界文化遗产；同时依托十三行、黄埔古港、莲花塔、琶洲塔、赤岗塔、南海神庙等遗迹，打造"海上丝绸之路"重要文化节点，形成海上丝绸之路人文地标。"十三五"时期，广州围绕建设海洋强市目标精准发力，海洋经济发展取得显著成效；全市海洋生产总值从 2015 年的 2632.8 亿元稳步增加到 2020 年的 3146.1 亿元，约占全市

GDP 的 12.6%。

九、深圳市概况

深圳是中国南部滨海城市，地处广东省南部、珠江口东岸，东临大亚湾和大鹏湾，西濒珠江口和伶仃洋，南边深圳河与香港相连，北部与东莞市、惠州市接壤。该市属于亚热带季风气候，夏长冬短，气候温和。到 2025 年，深圳将打造成为生态优美、环境宜人的世界级滨海生态旅游度假区，基本建成世界级旅游目的地。针对此目标，深圳近年来实施了多项举措助力滨海旅游市场消费，持续推进深圳海洋主题博物馆、深圳歌剧院等新时代十大文化基础设施建设，建设海洋体育"一中心三基地"；积极稳步推进宝安区滨海文化公园、海上田园城、小梅沙、大鹏所城等旅游景区升级改造。深圳市著名的海洋旅游资源有深圳湾、大梅沙、南澳月亮湾、金沙湾、大鹏半岛、海洋博物馆、西涌度假区等。其中，大鹏半岛已成为粤港澳大湾区广受欢迎的旅游目的地，年均吸引国内外游客超 1300 万人次。此外，深圳蛇口海洋博物馆是南山区唯一的以海洋为主题的博物馆，旨在普及海洋生物知识、倡导海洋保护理念，促进人类与海洋和谐共生。西涌滨海旅游度假区拥有长达 4 千米的银白色沙滩，是"中国最美八大海岸线"之一。因海而兴的深圳海洋非物质文化遗存丰富，包括国家级的沙头角鱼灯舞，省级的"辞沙"祭妈祖大典、疍家人婚俗、疍民过年习俗、大鹏追念英烈习俗等，市级的天后宝诞祭典、沙井蚝民生产习俗、南澳渔民娶亲礼俗等。2006 年和 2008 年，沙头角鱼灯舞分别入选省级和国家级非物质文化遗产名录，成为深圳海洋文化、客家渔耕文化的典型代表之一。据统计，"十三五"期间，我国海洋旅游产业经济增加值占主要海洋产业经济增加值的比重在 42% 以上，占国内旅游收入的比重在 30% 以上。2019 年，深圳海洋旅游业实现增加值约 627.7 亿元，占全市海洋生产总值的 24.8%，是推动全市海洋经济发展的主导产业之一。

十、汕头市概况

汕头市位于广东省东部，地处粤东潮汕平原，市境古属潮州府地，南缘韩江三角洲南端，北接潮州，西邻揭阳，东南濒临南海。境内韩江、榕江、练江三江入海，是中国唯一拥有内海湾的城市。汕头是"珠三角""长三角"两大经济圈之间的区域性中心城市。截至2022年年末，汕头市下辖6个区1个县，总面积为2245平方千米，常住人口为554.19万人，人口密度为2463人/平方千米，国内生产总值为3017.44亿元。作为我国东南沿海重要的港口城市，汕头市辖区内的海岸线和岛屿岸线长达289.1千米，大小岛屿82个。纳入城市的海洋功能区域工作面积近1万平方千米，是陆域面积的5倍之多。截至2017年，可供开发的港口达103处，仅南澳岛就有7处可供开发的深水港，市区的4处港址（珠池、马山、苏埃、广澳）可建1吨级至10万吨级码头泊位69处，汕头港可进万吨货轮，是目前全国18个重要枢纽港之一。汕头市有多处港湾和大片浅海滩涂，10米等深线内浅海滩涂面积为74.3万亩，可利用面积46.8万亩，200米等深线内渔场面积为5.3万平方千米。近海已知的鱼类、虾蟹类、贝类总数达500多种，藻类近20种。汕头是国务院批复确定的国家综合配套改革试验区（华侨试验区）、21世纪海上丝绸之路重要门户、中国经济特区、国家物流枢纽、全国性综合交通枢纽、海峡西岸经济区中心城市之一、粤东中心城市、国家森林城市、中国最具投资价值旅游城市、国家电子商务示范城市。2021年，汕头城市营商环境排名全国第36位。截至2023年，全市有国家4A级旅游景区7处，3A级旅游景区9处；主要景点有礐石风景名胜区、中信度假村、莲华乡村旅游区、方特欢乐世界蓝水星公园、前美古村侨文化旅游区、南澳岛生态旅游区、莲花峰风景区、太安堂中医院博物馆、和平大峰风景区、妈屿岛旅游区、东华村潮乡旅游景区、中山公园、陈慈黉故居、小公园历史文化街区等。截至 2022 年年末，全市共有旅行社 122 家，三星级及以上宾馆（酒店）20 家。2022 年共接待国内游客 382.06 万人次，同比下降 22.3%；各 A 级旅游景区接待游客 1240.22 万人次，同比下降 11.0%；旅行社组织国内游 4.48 万人次，同比下降 73.2%；实现旅游收入 71.33 亿元，同比下降 24.6%。

十一、珠海市概况

珠海市是珠江三角洲各城市中海洋面积最大、岛屿最多、海岸线最长的城市，有"百岛之市"之称，也是海上丝绸之路的重要通道以及我国最早的四个经济特区之一。珠海市在人居环境方面具有很大的优势，是全国唯一以整体城市景观入选"全国旅游胜地四十佳"的城市。珠海市人居环境一流，荣获"国家园林城市""国家环保模范城市""国家卫生城市""国家级生态示范区""中国十大魅力城市""中国优秀旅游城市""中国和谐名城""国家森林城市""中国生态文明奖""国际改善居住环境最佳范例奖""中国最具幸福感城市""国家生态文明建设示范市"等殊荣。2022 年，全市实现地区生产总值 4045.45 亿元，同比增长 2.3%；人均地区生产总值 16.37 万元，同比增长 1.8%。珠海全市土地面积 1736.46 平方千米，领海基线以内海域面积 6050 平方千米，大陆海岸线 224.5 千米，拥有大小岛屿 262 个。截至 2023 年年底，珠海市共有 4A 级旅游景区 6 个、3A 级旅游景区 6 个，其他重要景点 26 个。截至 2022 年，全市纳入统计范围的宾馆饭店平均开房率 26.58%，同比下降 10.84%。2022 年，全市旅行社接待国内游客 11.56 万人次，同比下降 70.5%；旅行社组团国内游 7.52 万人次，同比下降 74.7%；实现旅游总收入 114 亿元，同比下降 45.1%。珠海旅游业有四张招牌：第一，海洋海岛，包括东澳、外伶仃、万山、桂山、庙湾、担杆、荷包、淇澳等；第二，主题公园,包括长隆一二期、海泉湾、星乐度、创新坊、影视小镇、足球小镇等;第三,商务会展,包括航展、中拉国际会议、国际打印耗材展、中以创新大会;第四,节庆赛事,包括 WTA 网球赛、中国国际帆船赛、中国国际自行车赛、国际赛车各级赛事、沙滩音乐节等。

十二、江门市概况

江门位于珠江三角洲西岸,东邻中山、珠海,西连阳江,北接佛山、云浮,南濒南海;全市陆地面积为 9535 平方千米,海域面积为4880.47 平方千米;辖 3 个市辖区,代管 4 个县级市。截至 2022 年年末,江门市常住人口为 482.22 万人。江门市是粤港澳大湾区重要的节点城市,在粤港澳大湾区中处于"承东启西"的位置,是大湾区通向粤西和大西南的枢纽门户、珠江西岸新增长极、沿海经济带上的江海门户。江门历史悠久,文化底蕴深厚,五邑文化和侨乡文化独具魅力;有 530 多万祖籍江门的海外华侨华人和港澳台同胞分布在全球 145 个国家和地区,素有"中国侨都"的美誉。江门是重要的广府人聚集地之一,亦是广府文化的代表城市之一。江门旅游资源丰富,拥有世界文化遗产开平碉楼与古村落、让大文豪巴金先生为之陶醉的小鸟天堂、国家森林公园圭峰山、入选广东省"十大美丽海岛"的上下川岛、"中国历史文化名镇"赤坎古镇、岭南乃至全国难得一见的古劳水乡等。此外,江门还有独特的海滩风光,如新会区的龙泉沙滩、恩平区的蓝天海滩等,吸引了众多海滩度假的游客。江门市发展海洋经济天赋异禀,海域面积为 4880.47 平方千米,大陆海岸线长414.8 千米,约占全省海岸线长度的 10%;共有大小海岛 561 个,其中上川岛面积最大,为 137.15 平方千米,是全省第二大岛;下川岛次之,为 81.07 平方千米,是全省第六大岛。江门市的滨海旅游业起步于 20 世纪 80 年代中期,以台山川岛为代表。台山川岛滨海旅游起步于 1984 年,1992 年经省政府批准成立滨海旅游综合开发试验区,

1994 年被评定为省级旅游度假区，2009 年被评定为国家 4A 级旅游景区，2010 年被列为广东省滨海旅游示范区。此后，通过与世界文化遗产开平碉楼与古村落联合互补促销推介，川岛旅游业进入蓬勃发展期。在江门海岸，各类滨海旅游区蓬勃发展，涌现出银湖湾湿地公园、镇海湾红树林湿地公园、浪琴湾等滨海旅游区；其中古兜温泉小镇、那琴半岛海洋地质公园均被评为国家 4A 级旅游景区。2022 年全年江门市旅游收入为 94.88 亿元，同比下降 24.0%；全年接待游客 1232.87 万人次，同比下降 12.6%。其中，接待一日游游客 593.96 万人次，同比下降 6.2%；接待过夜游客 638.91 万人次，同比下降 17.8%。据统计，2023 年 1～8 月，江门市共接待游客 1625.08 万人次，实现旅游收入 157.67 亿元，分别同比增长 80.7% 和 128.38%。

十三、惠州市概况

惠州是广东省地级市、国务院批复确认的珠江三角洲地区中心城市之一。惠州市位于广东省东南部，属珠江三角洲东北、东江中下游地区，东接汕尾市，南临南海且与深圳市相连，西南接东莞市，西交广州市，北与韶关市、东北与河源市为邻。惠州背靠罗浮山，南临大亚湾，境内东江蜿蜒，属于南亚热带季风气候。全市总面积为 11347 平方千米，下辖 2 个市辖区、3 个县。惠州海域面积为 4520 平方千米，海岸线长 281.4 千米，是广东省海洋大市之一。半岛与海湾相间，良港较多。岛屿罗列，有大小岛屿 162 个，岛岸线长约 148 千米，面积共 18.78 平方千米。面积大于 500 平方米的海岛有 122 个，其中，面积最大的大三门岛有 4.73 平方千米；盐洲岛次之，面积为 3.7 平方千米。海岛主要分布在大亚湾，呈南北向延伸排列，自北向南有港口列岛、中央列岛和沱泞列岛等。截至 2024 年年初，惠州市共有国家 A 级旅游景区 40 家，5A 级景区、省级旅游度假区数量居全省第一，6 个县（区）成功创建了省级全域旅游示范区。该市拥有国家历史文化名镇，全国乡村旅游重点村、镇、精品线路等近百个省级优质旅游品牌，是广东省首家"全国影视指定拍摄景地"。惠州市是历史文化名城，名胜古迹颇多，主要景观有惠州西湖西山顶上的泗洲塔、平湖北畔的元妙观，城区桥西东城基 3 号的文笔塔、桥西上米街北门渡口所的古城墙，罗浮山中的冲虚古观、酥醪观，惠东平海镇的平海古城、多祝镇皇思扬村等。同时，惠州市积极发展康养旅游业，并已初具规模，涵盖了温泉度假、山地徒步、海滨休闲等多个领域。其中，大亚湾温泉、巽寮湾度假村等知名品牌已成为惠州市康养旅游的代表。此外，惠州市还积极推动康养旅游与文化旅游、休闲度假等产业融合发展。2022 年，全市共接待国内外游客 2390.77 万人次，同比下降 15.0%；接待过夜游客 1075.10 万人次，同比下降 21.3%，其中国内游客 1070.26 万人次，同比下降 21.2%；实现旅游总收入 168.18 亿元，同比下降 23.4%，其中国际旅游收入为 6040.56 万美元，同比增长 127.9%。

十四、汕尾市概况

汕尾市，广东省辖地级市，位于广东省东南部沿海、莲花山南麓、珠江三角洲东岸，与台湾省一水之隔，属亚热带季风气候。汕尾市辖 1 个市辖区、2 个县，代管 1 个县级市，总面积为 4865.05 平方千米。大陆沿海岸线长 455.2 千米，占全省岸线长度的 11.1%。大陆架内（即 200 米水深以内）海域面积为 2.39 万平方千米，相当于陆地面积的 4.5 倍。截至 2022 年年末，汕尾市常住人口为 268.26 万人，地区生产总值为 1322.02 亿元，同比增长 1.5%。汕尾市背山面海，闽南文化、潮汕文化、客家文化、广府文化在这里交汇融合，在地理和文化上汕尾自成一派，形成了特色鲜明的"海陆丰文化"。汕尾市拥有中国大陆最大的滨海潟湖——品清湖，红场星火、玄武灵声、有凤来仪、遮浪奇观、金厢银滩、莲峰叠翠、五坡正气、南万椎涛等"汕尾八景"远近闻名。汕尾市曾获"中国民间文化艺术之乡""中国最具魅力城市""中国最具投资价值旅游城市""中国现代旅游新地标""中国水鸟之乡""中国青梅之乡""广东省双拥模范城"等称号。《2022年汕尾市国民经济和社会发展统计公报》显示，汕尾市接待过夜游客487.25万人次，同比增长13.3%。其中，接待国内过夜游客483.63万人次，同比增长13.6%；接待入境过夜游客3.62万人次，同比下降13.8%；接待港澳台同胞3.47万人次，同比下降14.7%；接待外国游客0.15万人次，同比增长22.6%。全年旅游总收入为67.10亿元，同比增长15.0%。其中，国内旅游收入为58.10亿元，同比增长10.6%；国际旅游外汇收入为14076.07万美元，同比增长195.4%。截至2021年12月，汕尾市共有14个国家A级旅游景区，其中4A级景区5个，3A级景区9个；拥有9项国家级、29项省级非物质文化遗产。同时，汕尾市有广东省旅游风情小镇4个、广东省文化和旅游特色村9个、广东省休闲农业与乡村旅游示范（镇）点19个、广东省乡村旅游精品线路7条。

十五、东莞市概况

东莞是广东省辖地级市、超大城市，国务院批复确定的珠江三角洲东岸中心城市。该市地处中国华南地区、广东省中南部、珠江口东岸，西北接广州市，南接深圳市，东北接惠州市；属亚热带季风气候，长夏无冬，雨量充沛。东莞市海域主要分布在狮子洋和伶仃洋，面积为78.5平方千米，海岸线长92.95千米。东莞市下辖4个街道、28个镇。截至2022年年末，东莞市常住人口为1043.7万人，其中城镇人口为962.81万人，城镇化率为92.25%。东莞市是著名华侨之乡，拥有"国家森林城市""国际花园城市""全国文明城市""全国篮球城市"等称号。2022年，东莞市实现地区生产总值11200.32亿元，同比增长0.6%；人均地区生产总值106803元，同比增长

0.8%。东莞市是广东省历史文化名城,有中外闻名的林则徐销烟池、沙角炮台、威远炮台等抗英古战场遗址,有鸦片战争博物馆、海战馆等爱国主义教育基地。截至2022年,东莞市共有旅行社204家,全年接待游客3886.26万人次,同比下降14.65%,其中,接待国际及港澳台旅游者7.43万人次,国内游客3878.83万人次。2022年东莞市实现旅游总收入307.41亿元,同比下降19.01%,其中,国际旅游外汇收入为9609.79万美元,同比下降27.84%。截至2022年,东莞市共有国家级非物质文化遗产代表性项目9项,省级非物质文化遗产代表性项目54项,市级非物质文化遗产代表性项目167项。截至2021年,共拥有24个A级景区,其中4A级景区15个,3A级景区9个。

十六、潮州市概况

潮州市地处广东省东部,位于韩江中下游,东与福建省漳州市交界,西、南、北分别和粤东的揭阳市、汕头市、梅州市接壤,被称作广东"东大门"。潮州有着悠久的历史,境内各种资源丰富,气候适宜。辖区总面积为3613.9平方千米,其中海域面积为533平方千米,海岸线长136千米。截至2022年10月,潮州市下辖2个区、1个县。截至2022年年末,潮州市常住人口为257.56万人,其中城镇人口166.92万人,城镇化率为64.81%。2022年,潮州市地区生产总值1312.98亿元,比上年增长2.3%。潮州被称为"中国优秀旅游城市""中国食品名城""国家园林城市""潮州菜之乡""中国不锈钢制品之乡",有潮州八景和潮州新八景等景点。自然旅游资源有紫莲森林度假村景区、绿岛旅游山庄景区、凤翔峡、凤凰天池、滨江长廊、潮州西湖、红山森林公园、青岚地质公园等。人文旅游资源方面,潮州是一座拥有1600多年历史的文化古城,有韩文公祠旅游景区、淡浮收藏院景区、百师园创意馆旅游区、牌坊街、龙湖古寨、郭氏祖祠等人文景区；潮州文化不仅是岭南文化的重要组成部分，更是中华文化的重要支脉。潮州是隋代经略台湾的始发地，是唐代以来海上丝绸之路的重要门户和对台的通道。潮州曾获"国家历史文化名城""中国瓷都""中国岭头单丛茶之乡""全国重点无公害农产品（茶叶）生产示范基地""中国民族民间艺术之乡"等称号，2021 年，潮州市接待旅游 273 万人次，同比下降 2.64%；旅游总收入为 30.62 亿元，同比增长 4.26%。其中共接待国内游客 272.3 万人次，同比下降 2.58%，国内旅游总收入为 30.1 亿元，同比增长 4.88%；共接待境外游客 0.7 万人次，同比下降 21.45%，国际旅游收入 793.74 万美元，同比下降 18.39%。截至 2021 年年底，潮州市共有星级宾馆 11 个，同比减少了 1 个，同比下降 8.33%；其中四星级宾馆 6 个，三星级宾馆 3 个，二星级宾馆 2 个。截至 2024 年年初，潮州共有国家 A 级旅游景区 13 个，其中，国家 4A 级旅游景区 7 个，国家 3A 级旅游景区 6 个，国家地质公园 1 个。据统计，潮州有全国重点文物保护单位 9 处，共 22 项；省级文物保护单位 31 处，共 45 项；市（县）级文物保护单位 187 处；拥有市级以上非物质文化遗产代表性项目 106 项，其中省级以上 38 项、国家级 15 项。《潮州市区域发展"十四五"规划》指出，潮州市着力推进文化与经济融合，打造古城文化旅游特色区；以"海丝文化重镇，潮人精神家园"为契机，打造"滨海度假游"等主题旅游线路。"文化＋旅游"是大势所趋，也是拉动潮州经济发展的重要发力点，潮州计划到 2025 年，使文化旅游产业发展成为全市新的支柱产业。

十七、中山市概况

中山市，古称香山，地处珠江三角洲中部偏南的西江、北江下游出海处，是全国 4 个不设区的地级市之一。中山市地形以平原为主，地势中部高亢，四周平坦，平原地区自西北向东南倾斜。全市面积为

1783.67 平方千米，辖 8 个街道、15 个镇。中山市常住人口为 443.11 万人。中山市拥有众多荣誉称号，如"国家历史文化名城""国家森林城市""中国最安全城市""全国文明城市""全国畅通工程模范城市""国家园林城市""中国优秀旅游城市""国家卫生城市""中国特色魅力城市""全国双拥模范城"等。中山市旅游资源丰富，人文旅游资源方面有许多历史遗迹、风景名胜和特色文化，如孙中山故居、岭南水乡、孙文西路步行街、香山湖公园、孙文公园、石岐庙宇群、紫马岭公园等；自然旅游资源方面有五桂山、长江水库、逍遥谷、金钟水库等。截至 2020 年 11 月，中山市域范围内文物保护单位共 92 处，其中全国重点文物保护单位 3 处，省级文物保护单位 23 处，市级文物保护单位 66 处。非物质文化保护项目 51 个，其中国家级的有 6 个，市级的有 28 个。中山市共有国家 A 级景区 29 个，其中 5A 级景区 1 个，4A 级景区 3 个，3A 级景区 23 个，2A 级景区 2 个。中山市拥有星级饭店共 12 个，其中五星级 2 个、四星级 1 个、三星级 8 个、二星级 1 个。2021 年中山市接待旅游总人数为 782.61 万人次，同比下降 4.29%；接待国内游客共 775.68 万人次，同比下降 4.19%；接待境外游客共 6.92 万人次，同比下降 14.03%。实现旅游总收入 129.65 亿元，同比增长 7.6%；国内旅游总收入为 128.52 亿元，同比增长 8.26%；国际旅游收入为 1635.56 万美元，下降 35.06%。《中山市文化广电旅游发展"十四五"规划》指出，中山市致力于推动文化和旅游市场融合发展，大力发展温泉度假、游艇休闲、健康养生、滨海旅游等一批休闲度假旅游项目。

第三章
研究理论与方法

第一节 生态位理论与模型

一、生态位宽度理论模型

生态位宽度理论是区域旅游系统竞争力综合测评的重要依据。旅游地可被视为生态系统的重要生态单元，具有"态"和"势"两大重要特征属性。"态"指的是区域旅游产业竞争力所处的现实状态（包括旅游资源的数量、旅游基础设施条件、生态环境质量、社会经济发展水平等），是区域旅游产业与所处环境长期相互作用下积累发展的结果；"势"指的是区域旅游产业对所处环境的现实影响力与支配力（包括旅游市场增长率、旅游收入增长率、旅游产业增长率等）。"态"和"势"的叠加综合反映了区域旅游生态位宽度的大小。

旅游生态位宽度的计算公式如下：

$$N_i = \frac{S_i + A_i P_i}{\sum\limits_{j=1}^{n} (S_j + A_j P_j)} \quad (3-1)$$

$$(i = 1, 2, \cdots, n; j = 1, 2, \cdots, n)$$

式中，N_i 表示城市 i 的旅游生态位大小；S_i 和 P_i 分别代表城市 i 的态值和势值；S_j 和 P_j 分别代表城市 j 的态值和势值；A_i 和 A_j 为量纲转换系数；$(S_i + A_i P_i)$ 与 $(S_j + A_j P_j)$ 可视为城市 i 与城市 j 的绝对旅游生态位。城市 i 的旅游生态位实质上就是城市 i 的绝对生态位与区域所有城市旅游生态位之和的比值，生态位数值在 $0 \sim 1$ 之间，越接近于 1，表明城市的区域旅游影响力或支配力越大，反之则越小。

城市 i 旅游综合生态位的计算公式如下：

$$M_{ij} = \sum_{i=1}^{n} \frac{N_{ij}}{n} \qquad (3-2)$$
$$(i = 1,2,\cdots,n)$$

式中，M_{ij} 表示城市 i 旅游综合生态位；N_{ij} 表示每个变量要素的生态位；n 表示因子个数；j 表示城市个数。

二、生态位扩充度理论模型

旅游地生态位态势演变会导致生态位的历时性扩充或缩减。旅游地生态位扩充情况即扩充度的计算公式如下：

$$T = \frac{P}{S} \qquad (3-3)$$

式中，T 表示旅游生态位的扩充度；P 表示旅游生态位的"势"；S 代表旅游生态位的"态"。当 $T>0$ 时，说明旅游地态势状况良好，旅游地生态位处于"补充态势"，旅游地的竞争力与影响力逐渐增强；当 $T<0$ 时，旅游地态势状况较差，旅游地生态位处于"缩减态势"，旅游地的竞争力与影响力逐渐减弱；当 $T=0$ 时，旅游地态势尚未发

生变化，旅游地生态位处于"平稳态势"，旅游地的竞争力与影响力平稳发展。

三、生态位重叠度理论模型

生态位重叠概念源于生态学学科领域，用来描述两个在生态因子联系上具有相似性的生态种对一定资源位的共同利用程度。在同一生态系统中，当两个生物单元之间出现生态位重叠现象时，就至少有一部分生存空间因被两个生态单元共同占有而导致竞争的出现。随着生态学生态位重叠理念的拓展与丰富，国内外学者借鉴并运用生态位重叠度理念来解释与分析旅游产业竞争现象，提出了旅游生态位重叠的概念，将旅游城市视作生态系统中的生态元或生态种，指出旅游城市间由于旅游资源的相似性、旅游地空间的接近性、其他资源和市场等要素上的联系等原因，存在生态位重叠现象，必然产生激烈竞争。通过研究旅游生态位重叠度的高低，可以科学直观地判识旅游竞争的激烈程度，发掘旅游竞争的内在表现。旅游生态位重叠度的理论模型多元分异，其中运用最为广泛的为 Pianka 理论模型。Pianka 理论模型能客观地反映区域旅游生态种群之间对资源利用或生态适应的相似性，表现生态位重叠以及种群间生态位重叠关系的变化，具有较强的几何直观性与实用性，具体计算公式如下：

$$b_{ij} = \frac{\sum\limits_{b=1}^{r} P_{ib} P_{jb}}{\sqrt{\sum\limits_{b=1}^{r} P_{ib}^2 \sum\limits_{b=1}^{r} P_{jb}^2}} \qquad (3-4)$$

$$(b = 1, 2, \cdots, r)$$

式中，b_{ij} 为城市 i 和 j 的生态位重叠值；r 表示评价指标的个数；P_{ib} 和

P_{jb}分别表示城市 i 和 j 的第 b 个评价指标的生态位值。当计算各城市旅游综合生态位重叠度时，各维度指标具有独立性，宜采用"积 a"法，旅游生态位综合重叠度的计算公式如下：

$$a_{ij}^P = \prod_{r=1}^{r} a_{ij}(A_r) \qquad (3-5)$$

式中，a_{ij}^P 为城市 i 和 j 的多维综合生态位重叠度；$a_{ij}(A_r)$ 为城市 i 和 j 在第 r 个资源上的重叠度。

第二节　隶属函数协调度模型

选用隶属函数协调度模型，将北部湾 8 个城市作为 8 个子系统，通过测度这 8 个子系统的旅游实际发展度与发展度协调值之间的距离，可得到子系统两两之间的协同发展水平。

1. 计算实际发展度

在进行实际发展度的计算过程中，需对各指标在不同年份的数值进行分析，通过确定它们与正理想解及负理想解的距离来评估实际发展度。首先是指标数值分析。对于每一指标，计算其历年数值与设定的理想点（正理想点）和最差解点（负理想点）的距离。理想点代表最优状态，而最差解点则代表最不利的状态。其次是子系统发展度计算。进一步将这些指标值归一化至 [0，1] 区间，其中 1 代表正理想点，0 代表负理想点。归一化后的数值 $a_{ijt} \in [0，1]$，其表示第 j 个指标在第 i 个子系统和第 t 时期的归一化值。最后，根据式（3-6），计算出子系统 i 在时间 t 的实际发展度 d_{it}。该公式考虑了子系统在各项指标上与理想状态的差距，从而提供了一个量化的发展度量。

$$d_{it} = \frac{\sqrt{\sum_{j=1}^{n} a_{ijt}^{2}}}{\sqrt{\sum_{j=1}^{n} a_{ijt}^{2}} + \sqrt{\sum_{j=1}^{n} (1 - a_{ijt})^{2}}} \qquad (3-6)$$

式中，d_{it}是实际发展度，表示目前理想发展状况的相对发展程度，其数值越大表示发展度越高，反之则发展度越低。

2. 计算发展度协调值

在探讨区域旅游协同发展的过程中，理想协调状态被定义为区域内各子系统在旅游经济利益上实现同步增长，并且彼此之间的经济差异逐渐减少。为了衡量这一协调状态，本研究提出了发展度协调值的概念，以反映各子系统在相互博弈中达成的协调发展水平。发展度协调值的计算基于一个假设，即在理想协调状态下，任意两个子系统的发展速度应当相互一致，即它们的发展速率相匹配。基于此，子系统 j 在子系统 i 的期望下，于第 t 年的发展度协调值 $d'_{j/i,t}$，（即子系统 i 要求子系统 j 达到的发展度）由式（3-7）计算得到：

$$d'_{j/i,t} = d_{j,t-1} \times (1 + v_{i,t}) \qquad (3-7)$$

式中，$d'_{j/i,t}$表示第 t 年子系统 j 在子系统 i 要求下的发展度协调值；$d_{j,t-1}$是子系统 j 在前一年（第 $t-1$ 年）的发展度；$v_{i,t}$是子系统 i 从第 $t-1$ 年到第 t 年的增长率。

3. 计算协同发展水平

首先，基于实际发展度和发展度协调值计算的协调系数 $u_{i/j,t}$ 由式（3-8）计算得到：

$$u_{i/j,t} = \frac{|d_{j,t}|}{|d_{j,t}| + |d_{j,t} - d'_{j/i,t}|} \qquad (3-8)$$

式中，$u_{i/j,t}$表示实际发展度与发展度协调值之间的距离。当实际值越接近于协调值时，协调系数越大；反之，则协调系数越小。将协调系数$u_{i/j,t}$代入隶属函数协调度模型即式（3－9）便可得到子系统之间的协同发展水平$C_{ij,t}$：

$$C_{ij,t} = \frac{\min(u_{i/j,t}, u_{j/i,t})}{\max(u_{i/j,t}, u_{j/i,t})} \qquad (3-9)$$

为避免出现协调系数"双低"而协同发展水平高的情况，本书将两系统的发展水平加入协调度衡量过程中，同时也可体现协调发展从低到高、从差到优逐渐提高的过程。因此，由协同发展度$CT_{ij,t}$来代替协调度$C_{ij,t}$，改进的隶属函数协调度模型为：

$$CT_{ij,t} = C_{ij,t} \times (d_{i,t} + d_{j,t}) \qquad (3-10)$$

式中，$CT_{ij,t}$表示t时期子系统i与子系统j之间的协同发展水平；$d_{i,t}$表示子系统i的实际发展度。$CT_{ij,t}$值越大，表明两个子系统协同发展程度越高；反之，两个子系统的协同发展程度越低。

进一步，子系统i在t时期的协同发展水平$CT_{i,t}$可由式（3－11）计算得到：

$$CT_{i,t} = \sqrt{\prod_{j=1}^{n} CT_{ij,t}} \qquad (3-11)$$

第三节　耦合协调理论与模型

区域滨海旅游可视作一个完整复杂的区域复合生态系统，该复合生态系统又由滨海旅游资源、滨海旅游市场、滨海旅游社会经济、滨海旅游生态环境四大子系统构成，其系统协调状况可以应用协调度理论模型加以测度与评价。协调度的测算以系统耦合度值为基础，系统耦合度的测算公式如下：

$$C = \left\{ \frac{X_1 X_2 X_3 \cdots X_n}{\left[\frac{1}{n}(X_1 + X_2 + \cdots + X_n)\right]^n} \right\}^{\frac{1}{n}} \qquad (3-12)$$

式中，C 为系统间的耦合度；X_n 为子系统发展评价值；n 为子系统的个数。

由于耦合度只能判定子系统间作用的强弱，无法辨识子系统的整体功能与发展水平，因此需通过子系统综合发展评价值将耦合度模型加以修正变换为协调度模型。n 个子系统综合发展评价值的测算公式如下：

$$T = \sum_{i=1}^{n} a_i X_i \qquad (3-13)$$
$$(i = 1, 2, \cdots, n)$$

式中，T 表示 n 个子系统综合发展评价值；a_i 表示子系统权重值；X_i 为某个子系统发展评价值。如果判定系统间同等重要，将 a_i 赋值为 $1/n$。

综合系统耦合度与系统综合发展评价公式，可以得到科学客观的系统协调度测算模型公式如下：

$$D = \sqrt{CT} \qquad\qquad (3-14)$$

式中，D 为系统间协调度值，取值区间为 $[0,1]$。D 值越接近于 1，说明城市间协调发展水平越佳；当 $D=1$ 时为系统间最佳协调发展状态。

第四节 修正引力模型

引力模型起源于牛顿万有引力定律，即两个物体之间的引力与它们各自的质量呈正比，且与它们之间的距离呈反比。起初，引力模型被用于测量城市之间的空间相互作用，后来随着旅游业的发展以及城市间旅游经济的发展，研究人员运用经过具体修正后的引力模型来计算城市旅游经济联系度。城市间旅游经济联系强度水平是指城市间区域旅游经济相互关联的水平，旅游经济联系强度水平的大小既能反映区域旅游经济核心城市对边缘地区的旅游经济辐射能力，又能反映边缘地区对核心城市旅游经济辐射的接受程度。在本节中，城市间旅游经济联系水平被认为与城市游客接待人次、城市旅游总收入、城市间公路距离 3 个变量紧密相关。本次研究参考这 3 个变量，使用修正的引力模型构建 2009 年、2014 年、2019 年的广东省沿海经济带旅游经济网络空间矩阵，并使用社会网络研究软件 UCINET 探讨各个城市的区域旅游经济发展水平与其在广东省沿海经济带旅游经济网络中的地位，从而研究广东省沿海经济带内 14 个城市间的旅游经济联系情况，更加全面、更加系统地描述广东省沿海城市之间的旅游经济空间网络结构在 2009—2019 年间的动态演变。

根据引力模型建立区域旅游经济测量模型。其中城市间的旅游经济联系强度水平与该城市的游客接待人次、城市的旅游经济收入成正比，与城市间的公路最短距离成反比。代入这 3 个变量修正后的引力模型如下：

$$F_{ij} = \frac{\sqrt{P_i\,G_i}\,\sqrt{P_j\,G_j}}{D_{ij}^2} \qquad (3-15)$$

式中，F_{ij} 表示城市 i 与城市 j 之间的旅游经济联系强度；P_i、P_j 分别表示当年城市 i、城市 j 接纳的游客总人次（单位：万人次）；G_i、G_j 分别为当年城市 i、城市 j 的旅游总收入（单位：亿元）；D_{ij} 为城市 i 和城市 j 之间的最短公路间距（单位：千米）。

第五节　社会网络分析方法

社会网络分析法（social network analysis），是一种用来测算社会网络结构中个体之间相互作用与关系的分析方法。在社会网络分析下，社会网络中的各种关系可以得到更加精准的测量与分析，从而从社会网络的角度得出关于群体和个体特点的结论。社会网络是指网络中的行动者以及行动者之间关系的集合，是由节点和使节点连接在一起的线构成的一种网络集合。节点可以指代个人、集体、城市等不同的社会单位，而连接节点的线则代表节点之间的各种社会关系。与其他数理统计不同的是，社会网络更加关注个体之间的互动和联系。在社会网络分析的视角中，广东省沿海经济带旅游经济社会网络体系是由 14 个广东省沿海经济带城市构成的网络体系。其中，社会网络的"节点"是各个城市，而节点之间的"边"则是各城市之间的旅游经济联系。通过社会网络分析法对广东省沿海经济带旅游经济进行分析和研究，可以分析广东省沿海经济带旅游经济网络的形态特点与网络分布状况，也可以具体地分析节点城市的功能与网络地位。

笔者关于广东省沿海经济带旅游社会网络分析的调查研究参照了其他学者关于社会网络分析的经验，并且结合了广东省区域旅游经济的实际发展状况与需要。相关研究主要调查了广东省沿海经济带各城市旅游经济强度水平和旅游经济网络研究中的"核心－边缘"结构水平、网络密度水平、节点网络指标中的程度中心度水平、中介中心度水平、接近中心度水平、节点凝聚子群分析以及结构洞指标分析。

1. 网络密度

旅游社会网络分析的网络密度（density）是指在整个旅游经济网络结构上的所有节点间相关联的密集程度。社会网络密度值的大小反映了社会网络中节点联系的密切度，社会网络密度值在 [0，1] 的范围内取值，如果一个网络的网络密度越靠近 1，则网络上节点间的连接就越密切，整个网络系统也就越发达，各城市之间的网络关联性越强。网络中信息的传递效率与网络个体之间的合作水平也会随着网络密度的提升而提升。假定在网络上存在 n 个节点，每一个节点和其他节点间理论上最多存在 $(n-1)$ 个关系，设实际上存在的所有关系数量为 m，从而得出网络密度的计算公式：

$$D = \frac{m}{n(n-1)} \qquad (3-16)$$

式中，D 为网络密度；m 为实际存在的所有关系量；$n(n-1)$ 为理论上存在的最大关系关联量。

2. 核心－边缘结构分析

核心－边缘（core-periphery）结构分析是指依据网络中节点间联系能力的差异，把整个网络区分为核心区域与边缘区域，其中核心区域在整个社会网络系统中具有重要的地位，而边缘区域则在整个社会网络系统中的地位相对较低。通过核心－边缘结构分析方法研究整个社会网络系统中各个节点的相应地位，划分整体社会网络的核心区与边缘区，从而进一步研究核心区与边缘区的旅游经济联系与核心区对边缘区的旅游经济带动作用。

3. 中心度节点网络指标

中心度（centrality）作为社会网络分析的关键部分，用以探讨节点在网络系统中的地位与联系能力，从而反映节点在网络系统中的重要性。根据用途的不同以及计算方式的不同，节点中心度一般分为程度中心度、接近中心度与中介中心度三大类。

第一类节点中心度指标为程度中心度，程度中心度代表了旅游社会网络中某个节点所具有的连接数量的多少。连接数量越多，该节点的程度中心度越高，在网络中的联系能力越强。

第二类节点中心度指标为接近中心度，接近中心度反映了一个节点与网络中的其他节点之间相互联系的便利性程度，以及该节点不受其他节点影响的能力。假设某一个节点处在网络的中央，那么它和其他节点之间的间距较小，同时该节点与网络中其他节点进行联系也不需要依赖某一个节点。如果某个节点处于边缘区域，就只能通过其他节点的帮助来传播信息，因此，边缘节点更容易被其他节点影响与控制。可以通过在网络上某个节点和其他所有节点间的捷径距离之和来描述接近中心度。

第三类节点中心度指标为中介中心度，中介中心度体现了节点在网络中地位的重要程度以及节点对旅游社会网络系统中路径的控制程度。如果其他节点之间的联系要经过该节点才能进行，则该节点就存在着较大的中介中心度，那么其在网络中的控制功能以及在整个网络中的地位也会随着中介中心度的提高而提高。

4. 结构洞指标

结构洞（structural holes）是指在旅游社会网络中部分个体之间出现没有直接连接或者连接出现间断的现象。当社会网络中个体之间缺少直接联系时，社会网络中就会出现连接空洞，即所谓的结构洞。而将无直接联系的两者间接联系起来的第三者就拥有了信息优势和控制优势。

5. 凝聚子群指标

凝聚子群（cohesive subgroup）分析是社会网络分析中的重要方法，其目的是揭示社会行动者之间实际存在的或者潜在的关系。当网络中某些行动者之间的关系特别紧密，在网络中交往比较频繁，以至于在网络中结合成一个"小团体"时，这样的团体就被称为凝聚子群。如果在网络中存在凝聚子群，并且凝聚子群的密度较高，则说明处于这个凝聚子群内部的这部分行动者之间联系紧密，在信息分享和合作方面交往频繁。

第六节　探索性空间自相关模型

1. 全局空间自相关

全局空间自相关可以发掘研究区域间整体上的空间关联与异质性程度，常用 Moran's *I* 来衡量，具体测算公式如下：

$$I = \frac{\sum\limits_{i=1}^{n}\sum\limits_{j \neq i}^{n} W_{ij}(X_i - \overline{X})(X_j - \overline{X})}{S^2 \sum\limits_{i=1}^{n}\sum\limits_{j \neq i}^{n} W_{ij}} \qquad (3-17)$$

式中，n 为空间单元数量；X_i、X_j 为空间单元 i、j 属性值；$\overline{X}$ 为空间单元属性值的平均值；S 为滨海旅游生态位标准差；W_{ij} 为研究区域空间权重矩阵。

Moran 指数的取值范围为 $[-1, 1]$，利用 Moran's I 对观测变量进行分析时需要进行显著性检验。本节采用 Z 检验，根据 Z 值大小设定显著性水平做出拒绝或接受零假设的判断，选取置信水平 $\alpha = 0.05$，当 $Z > 1.96$ 或者 $Z < -1.96$ 时拒绝零假设，说明观测变量的空间自相关性显著。

2. 局部空间自相关

局部空间自相关分析可以在全局空间自相关性发掘的基础上通过 Moran 散点图等进一步深入地探讨局域空间关联与分异程度。一般采用局域 Moran's I 统计量衡量局域空间的自相关性，具体测算公式为：

$$I_i = z_i \sum_{j=1, j \neq i}^{n} W_{ij} z_j \qquad (3-18)$$

式中，z_i、z_j 分别为空间单元 i、j 属性的标准化值；W_{ij} 为研究区域空间权重矩阵。

第七节　地理探测器模型

地理探测器是王劲峰团队开发的一套用于探测空间分异并发掘其

驱动因素的新统计学工具与方法。地理现象存在于特定的地理位置，若某种因素与地理现象在空间上具有分布格局的一致性，说明该因素对此地理现象具有解释力。地理探测器模型方法采用 q 统计量以探测因子 X 对被解释变量 Y 的解释力强度，能比一般统计量更准确、更强烈地揭示因果关系。q 统计量的具体测算公式如下：

$$q = 1 - \frac{\sum_{h=1}^{L} N_h \sigma_h^2}{N\sigma^2} \qquad (3-19)$$

式中，L 为探测因子的分类；N_h 与 N 分别是类 h 和空间单元数量；σ_h^2 与 σ^2 分别是类 h 和 Y 值的方差。解释力 q 的取值范围为 $[0, 1]$，q 值越大则探测因子 X 对 Y 的解释力越强。

第八节　共生理论

一、共生的概念及构成

"共生"一词来源于希腊文，1879 年由德国生物学家德贝里（de Bary）首次提出，意为"不同种属的生物按某种物质联系共同生活"。自 20 世纪中叶以后，共生的概念和思想逐渐在社会和经济领域得到广泛应用。共生理论认为，共生是共生单元之间在一定的共生环境中按某种共生模式形成的关系。共生单元、共生模式和共生环境是构成共生关系的三个核心要素。其中，共生单元是构成共生体或共生关系的基本能量的生产和交换单位，是形成共生关系的基本物质单位。共生模式是指共生单元相互作用的方式或相互结合的形式，它同时反映共生单元间相互作用的关系和强度。共生环境是指共生关系产生、维持和发展的外部条件，其通过一定的共生介质影响共生单元之间物质、信息和能量的传播，维持共生关系的稳定协调发展。共生关系的三要素中，共生单元是基础，共生模式是关键，共生环境是重要的外部条件，三者相互影响、相互作用，共同反映共生系统的动态变化方向和规律。

二、共生系统及其进化

共生系统是指由共生单元按照某种共生关系构成的共生关系的集合，其状态由共生单元之间的共生组织模式和共生行为模式共同决定。在一个共生系统中，共生单元之间的共生关系往往不是一成不变的，它会随着共生单元的性质和共生环境的改变而不断变化，进而导致共生系统的持续进化。共生系统的进化主要体现在其共生模式从简单、偶然到复杂、必然的转变过程。即，在共生组织模式上表现为"点共生—间歇共生—连续共生——体化共生"的进化过程，共生组织化程度、稳定性和内外必然性逐渐提高；在共生行为模式上表现为"寄生—偏利共生—非对称互惠共生—对称互惠共生"的进化过程，共生能量分配的全面性、对称性和互利性逐步提升。因此，从共生系统进化的角度来看，"一体化共生"和"对称互惠共生"是共生单元之间共生关系进化的顶级和完善阶段，也是实现共生单元之间双赢或多赢的理想共生模式。

三、区域旅游共生系统

(一) 区域旅游共生条件

根据共生理论，共生单元之间共生关系的形成必须建立在一定的共生条件基础上，即共生单元之间必须存在物质、信息或能量的联系，同时具备维持共生关系稳定及持续进化的共生环境。因此，区域旅游共生应具备如下4个方面的条件：①区域旅游产业具有内在兼容以及时空联系的特点，包括旅游地空间的接近性、联系的便利性、旅游资源的相似性或互补性、旅游发展愿景和旅游市场运作的一致性等。②旅游地之间存在确定的共生界面，即在政治、经济、文化、资源、市场、信息等方面具有一定的联系和交流。③共生旅游地之间在旅游资源的相似性或互补性方面具有一定的强度，同质旅游地之间可以通过强化共同优势形成规模和品牌效应，异类旅游地可以通过优势互补提高区域整体竞争力。④具备有利于区域旅游发展的环境背景，包括自然、经济、政策、法律环境等。

（二）区域旅游共生机制

共生机制建立在共生关系所形成的共生通道基础上，是共生单元之间相互作用的动态过程和方式，为共生模式的稳定运行和共生关系的持续进化提供重要保障。区域旅游共生机制的构建主要包括三个方面：一是稳定的区域旅游对话机制，包括政府高层之间、旅游行政主管部门之间、旅游行业协会之间、旅游企业及其它旅游社会组织之间的对话机制；二是完善的区域旅游共生制度安排，包括旅游产业共生目标的设定、旅游共生政策的制定、旅游行业标准和行业管制的规范统一、资金投入与效益分配制度的安排等；三是高效的区域旅游共生平台，包括区域旅游共生的资金投入平台、资源开发运营平台、客源共享平台及区域整体对外宣传推广平台等。

（三）区域旅游共生模式

根据共生理论，共生单元之间所形成的共生模式可以分为共生组织模式和共生行为模式两种，每一种模式下面又可以分为若干个演化阶段。因此，区域旅游共生模式的选择同样需要分别对组织模式和行为模式进行分析研判。

1. 区域旅游共生组织模式

根据共生理论，共生组织模式由弱到强可分为点共生、间歇共生、连续共生和一体化共生四种。其中，一体化共生被认为是共生系统进化相对完善的阶段，此时共生单元在某一封闭时间区间内形成具有独立性质和功能的共生体，共生单元之间存在全方位的相互作用，共生关系稳定且具有必然性，可以最大程度地实现共生单元之间的互利多赢。因此，一体化共生应是区域旅游共生组织模式的最优选择。对区域旅游而言，一体化组织模式强调旅游地之间合作的全面性、持久性和稳定性，在完善的区域旅游共生机制作用下，旅游地之间打破行政区域和市场分割壁垒，在基础设施互联互通、经贸文化交流、人才自由流动、旅游产业布局、旅游产品打造、旅游线路联动、旅游市场共拓共享、旅游环境优化等方面进行全方位合作，最终实现区域旅游发展在时空上的一体化共生。

2. 区域旅游共生行为模式

根据共生理论，共生行为模式可分为寄生、偏离共生、非对称互惠共生和对称互惠共生4种类型。其中，对称互惠共生被认为是共生系统进化的根本法则和基本方向，是共生单元之间最理想的共生行为模式。这种模式在能量光谱分配的对称机制作用下，使交流机制呈现双边和多变化，有利于共生单元之间能量、信息和物质的自由流动，保障共生单元进化的同步性。因此，对称互惠共生行为模式是区域旅游共生可以选用的理想行为模式。对区域旅游协同发展而言，对称互惠共生的行为模式就是旅游地在承认竞争冲突的基础上，强调差别化和"抱团取暖"的发展战略，跳出短期局部的对立，谋求长期和更大空间的共存；在保护和发展共同优势的基础上，通过内部结构重组和功能创新，开发更具特色和竞争力的旅游产品，提高自身及区域旅游整体竞争力。

第四章
北部湾城市群区域滨海旅游竞争生态位发展分析

第一节　研究数据来源

北部湾城市群滨海城市旅游生态位测评指标数据主要来源于湛江、海口、防城港、茂名、北海、阳江、钦州 7 个城市及其所在省份的政府统计年鉴和国民经济和社会发展统计公报、中国近岸海域生态环境质量公报、国家风景名胜区名录、森林公园名录、自然保护区名录、A 级旅游景区名录以及国家文物局官网和各城市的政府官网等。由于收集的指标数据单位不统一，量纲存在差异，为了消除其对数据分析结果的影响，保证研究结果的准确性和可比性，在进行数据分析前，本书对数据进行了无量纲化预处理。无量纲化的方法包括极值化方法、Z-score 标准化方法、均值化方法、标准差化方法等。本章采用均值化方法进行无量纲化处理，其公式如下：

$$x'_{ij} = \frac{X_{ij}}{\overline{x_j}}，其中\overline{x_j} = \frac{1}{n}\sum_{i=1}^{n} x_{ij} \qquad (4-1)$$

式中，x'_{ij} 为指标因子标准化后数据；x_{ij} 为初始数据；$\overline{x_j}$ 为每项指标数据的平均值。

第二节　指标体系构建

学者哈钦森（Hutchinson）提出的"多维超体积生态位"理念被大量运用于解释城市旅游生态位的内在影响与构成，城市旅游生态位决定了该城市在区域旅游地生态系统中的地位，而生态位的大小则是由其所拥有的旅游资源、旅游市场地位、社会经济、生态环境等众多影响因素共同决定。笔者借鉴学术界具有代表性与典型性的城市旅游生态位指标体系研究成果，结合滨海城市的地域性特征，遵循科学性、客观性、稳定性、全面性、代表性以及数据易获取性等指标选取原则，构建出由旅游资源维、旅游市场维、社会经济维、生态环境维4个维度共25个指标组成的滨海城市旅游生态位测评指标体系（见表4-1）。

表4-1　滨海城市旅游生态位测评指标体系

A 目标层	B 准则层	C 指标层	单位
滨海城市旅游生态位	B_1 旅游资源维	C_1 旅游资源知名度	分
		C_2 旅游资源品位度	分
		C_3 旅游资源丰裕度	个
	B_2 旅游市场维	C_4 旅游总收入	亿元
		C_5 旅游接待总人数	万人次
		C_6 国内旅游收入	亿元
		C_7 国际旅游收入	亿元
		C_8 国内旅游人数	万人次
		C_9 国际旅游人数	万人次
		C_{10} 星级酒店数量	个
		C_{11} 旅行社数量	个

续表4-1

A 目标层	B 准则层	C 指标层	单位
滨海城市旅游生态位	B₃ 社会经济维	C_{12}地区生产总值	亿元
		C_{13}人均国内生产总值	元
		C_{14}第三产业生产总值	亿元
		C_{15}第三产业占 GDP 比重	%
		C_{16}居民年末储蓄余额	亿元
		C_{17}城镇居民人均可支配收入	元
		C_{18}社会消费品零售总额	亿元
		C_{19}邮电业务总量	亿元
		C_{20}卫生机构数目	个
	B₄ 生态环境维	C_{21}人均公园绿地面积	平方米/人
		C_{22}城市绿地面积（市辖区）	公顷
		C_{23}生活垃圾无害化处理率	%
		C_{24}城市污水处理率	%
		C_{25}工业固体废物综合利用率	%

第三节　生态位宽度测评与变迁分析

一、旅游生态位宽度综合测评

以 2012 年、2017 年北部湾城市群 7 个滨海城市统计数据为"态"的测量值，以 2007—2012 年、2012—2017 年北部湾城市群 7 个滨海城市统计数据 5 年的平均值为"势"的测量值，量纲转换系数为"1"，运用旅游生态位宽度理论模型计算出各个滨海城市 4 大维度旅游生态位以及旅游综合生态位的宽度（见表 4-2），从而科学评价各个滨海城市的旅游产业综合竞争力。

表4-2　北部湾城市群滨海城市分维度及综合旅游生态位宽度及排序

时间阶段	城市	旅游资源维		旅游市场维		社会经济维		生态环境维		综合生态位宽度	
		得分	排序	得分	排序	得分	排序	得分	排序	得分	排序
阶段1：2007—2012年	北海	0.17360	2	0.16285	3	0.09883	5	0.12104	5	0.13908	5
	钦州	0.10319	7	0.09608	6	0.09482	6	0.11702	7	0.10278	7
	防城港	0.18123	1	0.14513	4	0.09126	7	0.22621	1	0.16096	3
	湛江	0.12326	5	0.21563	1	0.22388	1	0.13402	4	0.17420	1
	茂名	0.16531	3	0.06800	7	0.19277	2	0.13503	3	0.14027	4
	阳江	0.11962	6	0.09805	5	0.11799	4	0.12000	6	0.11391	6
	海口	0.13379	4	0.21427	2	0.18046	3	0.14668	2	0.16880	2
阶段2：2012—2017年	北海	0.25157	1	0.17801	3	0.09671	6	0.12367	6	0.16249	2
	钦州	0.18710	2	0.13279	4	0.11984	5	0.19023	1	0.15749	3
	防城港	0.12598	4	0.12438	5	0.07622	7	0.14469	2	0.11782	6
	湛江	0.13196	3	0.20129	1	0.20823	1	0.13848	5	0.16999	1
	茂名	0.10385	6	0.08276	7	0.20721	2	0.14122	3	0.13376	5
	阳江	0.08036	7	0.09992	6	0.12238	4	0.12109	7	0.10594	7
	海口	0.11918	5	0.18085	2	0.16941	3	0.14062	4	0.15251	4

1. 阶段1：2007—2012年

2007—2012年北部湾城市群7个滨海城市间旅游生态位宽度水平的差异化特征不显著，旅游综合竞争力差距较小。7市旅游综合生态位宽度水平排序依次为湛江、海口、防城港、茂名、北海、阳江、钦州。湛江、海口、防城港3市旅游综合生态位宽度皆大于均值水平（0.142857），比均值水平分别增长了21.9%、18.2%、12.7%，但生态位宽度值远小于1，说明湛江、海口、防城港虽然在该阶段内区域滨海城市旅游业发展中处于相对核心地位，但其区域旅游影响力存在很大不足。而北海、茂名、阳江、钦州4市旅游综合生态位宽度皆略低于均值水平。从旅游资源维而言，北海与防城港旅游资源丰富，国家 4A 级景区数量多于其他滨海城市，旅游资源竞争生态位较高。从旅游市场维与社会经济维而言，湛江在这两个维度上的竞争生态位都位居第一，海口的旅游市场维（0.21427）与社会经济维（0.18046）竞争生态位分别位居第二、第三，由此可以得出，社会经济的整体增长、旅游市场的不断开拓促进了两个城市旅游人次与旅游收入的增长，也带动了社会经济的发展。茂名市旅游市场开拓乏力，旅游市场竞争生态位排序位于末位，限制了其旅游产业整体竞争力的提升。而阳江、钦州在 4 大维度上的旅游竞争生态位都排名靠后，说明各维度相互影响导致其旅游产业综合竞争力相对落后。

2. 阶段 2：2012—2017 年

2012—2017 年北部湾城市群 7 个滨海城市间旅游生态位均衡化发展特征较为显著，城市间旅游产业综合竞争力水平差距依然较小。7 市旅游综合生态位宽度水平的排序依次为湛江、北海、钦州、海口、茂名、防城港、阳江。湛江、北海、钦州、海口 4 市旅游综合生态位宽度大于均值水平（0.138013），比均值水平分别增长了 23.2%、17.7%、14.1%、10.5%，但 4 市生态位宽度水平数值远小于 1，说明区域的旅游辐射影响效应较低。茂名、阳江、防城港 3 个滨海城市旅游综合生态位宽度皆低于均值水平。钦州市的生态环境维竞争生态位（0.19023）排序位居首位，这是钦州市近年实施加强城市污水治理、加大城市绿地面积等生态环境友好型举措的良性结果。湛江市的旅游市场维（0.20129）、社会经济维（0.20823）竞争生态位都位居首位，旅游发展态势平稳向好，这与湛江市近年来城市发展能级与定位的提升、旅游市场营销力度的加强、旅游产品品质的提档升级、旅游交通基础设施的改善等因素密切相关。北海市旅游资源维竞争生态位（0.25157）位居首位，这得益于涠洲岛、北海骑楼街等旅游资源的深入开发，旅游资源的知名度与美誉度不断得到提升。防城港、茂名、阳江 3 市的旅游综合生态位水平排序靠后，这是防城港社会经济维生态位（0.07622，末位）扩张乏力、茂名与阳江在旅游资源维与旅游市场维生态位（排名末两位）竞争力不足等因素影响的结果。

二、旅游生态位宽度变迁分析

由 2007—2012 年、2012—2017 年北部湾城市群旅游生态位宽度空间格局可知，2007—2012 年，钦州、阳江属于低生态位宽度等级区，北海、茂名属于中生态位宽度等级区，而湛江、海口、防城港属于高生态位宽度等级区；2012—2017 年，防城港、茂名、阳江为低生态位宽度等级区，北海、钦州、海口为中生态位宽度等级区，而湛江是高生态位宽度等级区的唯一滨海城市。对比 7 个滨海城市两个时间阶段旅游生态位宽度空间格局的差异，不难发现：①北部湾城市群 7 个滨海城市旅游产业综合竞争力水平及空间格局随着时间阶段的演进并未发生显著的变迁，整体变迁幅度较小，局部存在一定的分异。湛江、阳江、北海 3 市的旅游竞争生态位宽度等级未发生明显变迁，茂名、海口、钦州、防城港 4 市旅游竞争生态位宽度等级皆发生程度不一的变迁。②旅游产业综合竞争力水平呈现"由高到低"（防城港）、"由中到低"（茂名）、"由高到中"（海口）、"由低到中"（钦州）的阶段性变迁特征。虽然防城港市拥有 3 处国家级自然旅游资源以及浓郁的京族文化特色，自然与人文旅游资源组合性佳、品质较高，但是由于该市社会经济发展整体状况仍有较大提升空间，明显制约了旅游资源的高质量开发，很大程度上导致其面临旅游资源内涵发掘不足、产品同质化严重、形象营销乏力等困境。近年来，钦州市加大了旅游资源的开发利用深度与生态环境的保护力度，对旅游景区产品进行了提质升级，将国家 4A 级景区赋存数量提高至 12 个，大幅度提升了城市旅游竞争力。而位于环北部湾的茂名市和海口市由于旅游资源开发乏力以及旅游项目的生态冲击与影响，导致其旅游生态位宽度水平出现阶段性下滑。

第四节　生态位重叠度测评与变迁分析

一、旅游生态位重叠度综合测评

利用旅游生态位重叠度模型，可以分别计算出 2007—2012 年、2012—2017 年 2 个阶段北部湾城市群 7 个滨海城市间旅游生态位重叠度值（见表 4 - 3）。同时为了更加深入地分析城市间旅游生态位重叠关系特征，根据表 4 - 3 旅游生态位重叠度矩阵可以计算区域滨海城市旅游生态位综合重叠度（见表 4 - 4）。生态位综合重叠度的均值水平通常被视为城市组旅游竞争关系的衡量标准，若重叠度高于均值水平可以判定城市组生态位属于大部分重叠状态，若重叠度低于均值水平则可以判定城市组生态位属于小部分重叠状态。

表 4 - 3　北部湾城市群滨海城市旅游生态位重叠度矩阵

时间阶段	城市	北海	钦州	湛江	海口	茂名	防城港	阳江
阶段 1：2007—2012 年	北海	1	0.971932	0.92481	0.958505	0.893242	0.954199	0.966765
	钦州	0.971932	1	0.94655	0.969384	0.945845	0.975423	0.996564
	湛江	0.92481	0.94655	1	0.992428	0.904456	0.860421	0.951966
	海口	0.958505	0.969384	0.992428	1	0.899538	0.908028	0.96721
	茂名	0.893242	0.945845	0.904456	0.899538	1	0.883837	0.967998
	防城港	0.954199	0.975423	0.860421	0.908028	0.883837	1	0.95906
	阳江	0.966765	0.996564	0.951966	0.96721	0.967998	0.95906	1

续表 4 - 3

时间阶段	城市	北海	钦州	湛江	海口	茂名	防城港	阳江
阶段2：2012—2017年	北海	1	0.952471	0.885438	0.898238	0.798477	0.94891	0.872958
	钦州	0.952471	1	0.921265	0.941089	0.900911	0.991295	0.957183
	湛江	0.885438	0.921265	1	0.997059	0.944986	0.927295	0.979354
	海口	0.898238	0.941089	0.997059	1	0.939208	0.950735	0.986574
	茂名	0.798477	0.900911	0.944986	0.939208	1	0.871586	0.969835
	防城港	0.94891	0.991295	0.927295	0.950735	0.871586	1	0.954844
	阳江	0.872958	0.957183	0.979354	0.986574	0.954844	0.954844	1

表4 -4　北部湾城市群滨海城市旅游生态位综合重叠度及排序

时间阶段	指标	北海	钦州	湛江	海口	茂名	防城港	阳江
阶段1：2007—2012年	综合重叠度	0.70992	0.81996	0.64360	0.72850	0.58809	0.61640	0.82355
	综合排序	4	2	5	3	7	6	1
	与均值比较	大于	大于	小于	大于	小于	小于	大于
阶段2：2012—2017年	综合重叠度	0.50105	0.70591	0.69799	0.74250	0.53968	0.69016	0.73608
	综合排序	7	3	4	1	6	5	2
	与均值比较	小于	大于	大于	大于	小于	大于	大于

1. 阶段1：2007—2012 年

北部湾城市群滨海城市 2007—2012 年旅游生态位重叠度值区间为 [0.860421，0.996564]，该阶段重叠度均值为 0.957077，重叠度大于均值的城市组数为 17 组，反映出北部湾城市群滨海城市间旅游竞争激烈。2007—2012 年旅游生态位重叠度最高的滨海城市组是阳江市－钦州市，最低的滨海城市组是湛江市－防城港市。该阶段滨海城市旅游生态位综合重叠度排序关系为：阳江（0.82355）＞钦州（0.81996）＞海口（0.72850）＞北海（0.70992）＞湛江

（0.64360）＞防城港（0.61640）＞茂名（0.58809）。高于旅游生态位综合重叠度均值水平（0.70429）的城市有北海、钦州、海口、阳江，说明这4个城市的旅游生态位处于"大部分重叠"状态，旅游竞争程度较大；防城港、茂名、湛江3个城市的旅游生态位综合重叠度低于均值水平，说明这3个城市的旅游生态位处于"小部分重叠"状态，旅游竞争程度相对较小。

2. 阶段2：2012—2017年

2012—2017年北部湾城市群滨海城市旅游生态位重叠度区间为[0.798477，0.997059]，该阶段旅游生态位重叠度均值为0.949633，重叠度大于均值的城市组数为16组，不难发现第二阶段北部湾城市群滨海城市间旅游竞争关系依然紧张。2012—2017年北部湾城市群滨海城市旅游生态位综合重叠度排序关系为：海口（0.74250）＞阳江（0.73608）＞钦州（0.70591）＞湛江（0.69799）＞防城港（0.69016）＞茂名（0.53968）＞北海（0.50105）。从表4-4中可以发现，海口、阳江、钦州、湛江、防城港5个滨海城市旅游生态位综合重叠度高于均值水平（0.65905），说明这5个滨海城市旅游生态位处于"大部分重叠"状态，旅游竞争程度较大；北海市和茂名市旅游生态位综合叠度低于均值水平，说明两市旅游生态位处于"小部分重叠"状态，旅游竞争程度相对较小。对比第一阶段可知，海口、阳江、钦州是两个阶段旅游生态位综合重叠度皆高于均值水平的滨海城市，旅游综合竞争程度大。

二、旅游生态位重叠度变迁分析

根据北部湾城市群21对滨海城市组间旅游生态位重叠度值的差异，将生态位重叠度分值从低到高依次划分为低生态位重叠度、中生态位重叠度与高生态位重叠度3种重叠度等级类型。经过对滨海城市旅游生态位重叠度两个阶段空间网络的比较，可以发现：①北部湾城市群滨海城市旅游生态位重叠度呈现"整体均质，局部分异"的阶段性变迁特征。两个阶段的网络形态结构反映出网络凝聚性较高、城市组间旅游竞争总体上较为激烈、城市组间旅游竞争程度存在局部性的阶段变迁差异。②旅游生态位重叠度等级出现阶段性下滑的城市组共7组，旅游竞争程度呈现"由高到低"显著变迁特征的城市组为海口－北海、阳江－北海，"由高到中"变迁的城市组为钦州－北海、海口－钦州、阳江－钦州，"由中到低"变迁的城市组为湛江－北海、茂名－钦州。近年由于海口、北海、阳江等城市全域旅游资源的深入开发，市场及产品定位的逐渐分化，使得城市组旅游产业竞争关系得到了一定程度的缓和。③旅游生态位重叠度等级存在阶段性上升的城市组共5组，旅游竞争程度呈现"由低到中"变迁特征的城市组为海口－茂名、茂名－湛江、湛江－防城港、防城港－海口，"由中到高"变迁的城市组为阳江－湛江。随着"湛茂阳"区域旅游经济联系日益紧密，防城港滨海旅游开发进程的加快，区域城市对旅游资源、旅游市场等发展要素的争夺越发激烈，旅游竞争生态位重叠程度加大，旅游产业竞争程度进一步加剧。④旅游竞争生态位重叠度等级呈现"高－高"阶段性变迁特征的城市组为湛江－海口、钦州－防城港、阳江－海口、阳江－茂名。湛江与海口，钦州与防城港，茂名与阳江等城市组地域相邻、资源相似、文化相亲，使得两个阶段区域旅游产业整体均保持激烈的竞争状态。

第五章
北部湾城市群区域滨海旅游协同合作发展水平分析

第一节　研究数据来源

笔者选取了2007—2019年时间跨度为13年的北部湾城市群对应指标的数据。二级指标滨海旅游资源维中所包含的三级指标旅游资源知名度的评估需要具体的分值予以体现。采用的计分依据是《旅游资源分类、调查与评价》（GB/T 18972—2003），其分值范围由百分制缩小为十分制（见表5-1），以简化计算过程。由于各旅游目的地的环境污染破坏程度不同，为方便赋分暂不考虑其环境附加值。旅游资源品位度按城市拥有的5A和4A级景区加分，其中每个5A级景区加6分，每个4A级景区加4分，最后取两项分数之和作为城市的旅游资源品位度。旅游资源丰裕度则是表中旅游景点个数的统计。数据的主要来源为中国生态环境部发表的全国自然保护区名录，中华人民共和国文化和旅游部发布的全国旅游度假区名录，各省、市旅游文化厅发布的A级旅游景区名录等。

表5-1 旅游资源知名度计分依据

景区类型	分值（分）
世界遗产	10
5A级景区	9.5
国家级风景名胜区	8.5
国家级旅游度假区	8.5
4A级景区	8
国家级地质公园	7
国家级森林公园	7
省级风景名胜区	6.5
国家级自然保护区	6
国家级历史文化名城	6
省级地质公园	5
省级旅游度假区	5
国家级历史文化名村、镇	4
国家级文物保护单位	4
省级自然保护区	4
省级历史文化名村、镇	2

二级指标滨海旅游市场维及滨海社会经济维中14个三级指标的数据的主要来源为各省、市统计年鉴、统计公报，国民经济和社会发展统计公报，中国区域经济统计年鉴等。

二级指标滨海生态环境维所需要的数据主要来源于《中国近岸海域环境质量公报》《海洋环境状况公报》《中国城市建设统计年鉴》等。

由于滨海旅游协同发展测评指标体系中，不同的指标数据有着不同的量纲和量纲单位，因此在进行指标体系的综合评价前需要采用无量纲化处理的方式以消除指标之间的不可公度性。滨海旅游协同发展测评指标体系中，污水排放总量为逆指标，其余各维度评价指标均为正指标，且指标数据量纲单位不一致。为了确保研究结果的准确性和可比性，消除数据量纲和单位的影响，本章采用极差标准化方法将数据进行标准化处理，当为正指标时，代入式（5-1）；当为逆指标时，代入式（5-2）。

$$x'_{ij} = \frac{x_{ij} - \min(x_{ij})}{\max(x_{ij}) - \min(x_{ij})} \qquad (5-1)$$

$$x'_{ij} = \frac{\max(x_{ij}) - x_{ij}}{\max(x_{ij}) - \min(x_{ij})} \qquad (5-2)$$

式中，i 为第 i 项指标；j 为第 j 个城市；x'_{ij} 为指标因子标准化后数值；x_{ij} 为指标的初始数值；$\max$ 与 $\min$ 分别表示指标的最大值与最小值。式（5-1）与式（5-2）分别是正向指标与负向指标的标准化处理方式。

第二节　指标体系构建

本章的研究区域为广东省的湛江、阳江、茂名，海南省的海口、三亚，以及广西壮族自治区的钦州、防城港、北海共 8 个城市。研究核心为测度北部湾沿海旅游城市及北部湾沿海旅游城市群之间的协调发展水平，分析沿海旅游产业协调发展的动态演化及其影响因素。指标体系的构建是本章研究的基础工作，为了全面客观地评价北部湾城市群滨海旅游协同发展水平，需要构建一套反应系统、层次清晰、易于操作的指标体系，所选指标应尽可能全面地涵盖影响滨海旅游协同发展的因素。因此，本章遵循科学性、系统性、层次性、客观代表性、动态可比性及数据可得性的原则，以滨海旅游协同发展测评指标体系为一级指标，包含滨海旅游资源、滨海旅游市场、滨海社会经济、滨海生态环境 4 个二级指标共 31 个三级指标，构建了北部湾城市群滨海旅游产业协同发展指标体系（见表 5－2）。

表 5－2　滨海旅游协同发展测评指标体系

	B 维度	C 指标	单位
滨海旅游生态位测评指标体系	B_1 滨海旅游资源维	C_1 旅游资源知名度	分
		C_2 旅游资源品位度	分
		C_3 旅游资源丰裕度	个
	B_2 滨海旅游市场维	C_4 国内旅游收入	亿元
		C_5 国际旅游外汇收入	万美元
		C_6 国际旅游人数	万人次
		C_7 国内游客接待量	万人次
		C_8 旅游接待总量	万人次
		C_9 旅游总收入	亿元
		C_{10} 星级饭店数量	个
	B_3 滨海社会经济维	C_{11} 城市居民人均可支配收入	元
		C_{12} 高速公路密度	千米/百平方千米
		C_{13} 人均地区生产总值	元
		C_{14} 第三产业占 GDP 比重	%
		C_{15} 客运量	万人
		C_{16} 社会消费品零售总额	亿元
		C_{17} 港口货物吞吐量	万吨
	B_4 滨海生态环境维	C_{18} 近岸海域水质状况	分
		C_{19} 省级以上海洋保护区数量	个
		C_{20} 污水处理率	%
		C_{21} 污水排放总量	万立方米
		C_{22} 城市绿地面积	公顷
		C_{23} 人均公园绿地面积	平方米/人
		C_{24} 生活垃圾无害化处理率	%
		C_{25} 工业固体废物综合利用率	%

第三节　城市间滨海旅游协同发展水平分析

一、城市间滨海旅游协同发展水平测评

笔者根据式（3-6）至式（3-11），对 2007 年、2019 年北部湾地区湛江、阳江、茂名、海口、三亚、钦州、防城港、北海 8 个城市的旅游协同发展水平进行测算，得到 8 个城市两两之间的旅游协同发展水平，如表 5-3 所示。

表 5-3　2007 年、2019 年北部湾城市群 8 个城市之间旅游协同发展水平

时间	城市2	城市1							
		湛江	茂名	阳江	北海	防城港	钦州	海口	三亚
2007年	湛江	—	0.573	0.546	0.547	0.539	0.527	0.628	0.639
	茂名	0.573	—	0.550	0.552	0.544	0.532	0.633	0.644
	阳江	0.546	0.550	—	0.529	0.517	0.512	0.608	0.618
	北海	0.547	0.552	0.529	—	0.519	0.513	0.610	0.619
	防城港	0.539	0.544	0.517	0.519	—	0.499	0.600	0.610
	钦州	0.527	0.532	0.512	0.513	0.499	—	0.591	0.600
	海口	0.628	0.633	0.608	0.610	0.600	0.591	—	0.700
	三亚	0.639	0.644	0.618	0.619	0.610	0.600	0.700	—
2019年	湛江	—	1.420	1.394	1.423	1.387	1.412	1.427	1.439
	茂名	1.420	—	1.364	1.392	1.357	1.383	1.396	1.409
	阳江	1.394	1.364	—	1.367	1.331	1.357	1.371	1.383
	北海	1.423	1.392	1.367	—	1.360	1.385	1.400	1.412
	防城港	1.387	1.357	1.331	1.360	—	1.350	1.364	1.376
	钦州	1.412	1.383	1.357	1.385	1.350	—	1.389	1.402
	海口	1.427	1.396	1.371	1.400	1.364	1.389	—	1.416
	三亚	1.439	1.409	1.383	1.412	1.376	1.402	1.416	—

从表5-3可以看出，2007年，三亚与海口基于良好的资源禀赋引领区域滨海旅游协同发展。与三亚、海口有关的城市组合滨海旅游协同发展水平均位于均值（0.575）之前，分别为第1位海口-三亚（0.700）、第2位茂名-三亚（0.644）、第3位湛江-三亚（0.629）、第4位茂名-海口（0.633）、第5位湛江-海口（0.628）、第6位北海-三亚（0.619）、第7位阳江-三亚（0.618）、第8位防城港-三亚（0.610）、第9位北海-海口（0.610）、第10位阳江-海口（0.608）、第11位防城港-海口（0.600）、第12位钦州-三亚（0.600）、第13位钦州-海口（0.591）。钦州除了与三亚、海口的组合在均值以前，与其余各城市的组合均低于均值，且在城市之间旅游协同发展中位于较落后的位置，如第21位茂名-钦州（0.532）、第23位湛江-钦州（0.527）、第26位北海-钦州（0.513）、第27位阳江-钦州（0.512）、第28位防城港-钦州（0.499）。

2019年，湛江已将自身良好的区位优势发挥出来，城市间的滨海旅游协同发展水平有了显著提高。除了湛江-防城港（1.387）位于均值（1.388）之后，其余各组合都排在前列，分别为第1位湛江-三亚（1.439）、第2位湛江-海口（1.427）、第3位湛江-北海（1.423）、第4位湛江-茂名（1.420）、第6位湛江-钦州（1.412）、第12位湛江-阳江（1.394）。而防城港与其余各城市的组合均低于均值，分别为第15位防城港-湛江（1.387）、第19位防城港-三亚（1.376）、第23位防城港-海口（1.364）、第24位防城港-北海（1.360）、第25位防城港-茂名（1.357）、第26位防城港-钦州（1.350）及第27位防城港-阳江（1.331）。在海南省内，三亚的城市间滨海旅游协同发展水平总体上高于海口。在广东省内，湛江的城市间协同发展水平要高于茂名和阳江。在广西壮族自治区内，北海高于钦州及防城港。就北部湾区域的三个省份而言，海南总体上高于广东，而广东总体上高于广西。

由上述分析可知，在目前的旅游协同发展中表现良好的城市（如三亚、海口、湛江）都具有较好的资源禀赋，且位于北部湾中心区域或城市之间地缘相近。海口和三亚同属海南省，一个是海南省的省会城市，另一个是南海最著名的滨海旅游城市，滨海旅游发展协同水平长期位于第一。三亚虽然不在北部湾城市群的中心地带，但由于其城市滨海旅游资源丰富，滨海旅游产业发展良好而引领区域滨海旅游协同发展。而旅游协同发展水平处于落后状态的城市，如阳江、钦州这两个城市地处相对边缘的位置，同时在滨海旅游资源、滨海旅游市场、滨海社会经济和滨海生态环境等方面都存在薄弱环节。滨海旅游协同发展需要建立在资源、市场、社会经济以及环境的基础之上，对于滨海旅游相关基础建设与城市经济暂时不存在比较优势的城市，应当首先考虑增加优质滨海旅游资源和产品的供给。

二、滨海旅游协同发展水平动态演化分析

笔者根据式（3-6）至式（3-11），对2007—2019年北部湾地区湛江、阳江、茂名、海口、三亚、钦州、防城港、北海8个城市的旅游协同发展水平进行测算，得到各年份8个城市两两之间的旅游协同发展水平及其排名。但限于篇幅，笔者仅列举2007年、2013年、2019年三个年份的测算结果，如表5-4所示。

表5-4 北部湾城市群8个城市之间滨海旅游协同发展水平

城市组合	2007年		2013年		2019年	
	城市间水平	排名	城市间水平	排名	城市间水平	排名
湛江－茂名	0.573	14	0.955	9	1.420	4
湛江－阳江	0.546	18	0.905	17	1.394	12
湛江－北海	0.547	17	0.956	8	1.423	3

续表 5 - 4

城市组合	2007 年		2013 年		2019 年	
	城市间水平	排名	城市间水平	排名	城市间水平	排名
湛江 - 防城港	0.539	20	0.898	19	1.387	15
湛江 - 钦州	0.527	23	0.896	20	1.412	6
湛江 - 海口	0.628	5	0.977	3	1.427	2
湛江 - 三亚	0.639	3	0.985	2	1.439	1
茂名 - 阳江	0.550	16	0.891	21	1.364	22
茂名 - 北海	0.552	15	0.942	10	1.392	13
茂名 - 防城港	0.544	19	0.884	24	1.357	25
茂名 - 钦州	0.532	21	0.882	25	1.383	17
茂名 - 海口	0.633	4	0.963	7	1.396	11
茂名 - 三亚	0.644	2	0.971	5	1.409	8
阳江 - 北海	0.529	22	0.899	18	1.367	21
阳江 - 防城港	0.517	25	0.838	26	1.331	28
阳江 - 钦州	0.512	27	0.836	27	1.357	26
阳江 - 海口	0.608	10	0.915	13	1.371	20
阳江 - 三亚	0.618	7	0.923	11	1.383	18
北海 - 防城港	0.519	24	0.890	22	1.360	24
北海 - 钦州	0.513	26	0.888	23	1.385	16
北海 - 海口	0.610	9	0.967	6	1.400	10
北海 - 三亚	0.619	6	0.975	4	1.412	7
防城港 - 钦州	0.499	28	0.828	28	1.350	27
防城港 - 海口	0.600	11	0.908	15	1.364	23
防城港 - 三亚	0.610	8	0.916	12	1.376	19
钦州 - 海口	0.591	13	0.906	16	1.389	14
钦州 - 三亚	0.600	12	0.913	14	1.402	9
海口 - 三亚	0.700	1	0.994	1	1.416	5

从表 5 - 4 中可知，2007 年、2013 年、2019 年，城市之间的滨海

旅游协同发展水平依次都有着不同程度的提高，总体呈现了依年增长的趋势。

随着时间推移，城市之间的滨海旅游协同发展水平的排名逐渐上升的城市组合有湛江－茂名、湛江－阳江、湛江－北海、湛江－防城港、湛江－钦州、湛江－海口、湛江－三亚、北海－钦州。其中上升排名最多的是湛江－钦州，上升了 17 位；其次是湛江－北海，上升了 14 位；随后是湛江－茂名、北海－钦州，均上升了 10 位。

随着时间推移，城市之间的滨海旅游协同发展水平的排名下降的城市组合为茂名－阳江、茂名－防城港、茂名－海口、茂名－三亚、阳江－防城港、阳江－海口、阳江－三亚、防城港－海口、防城港－三亚、海口－三亚。其中排名下降最多的是防城港－海口，下降了 12 位；其次是防城港－三亚、阳江－三亚，均下降了 11 位；随后是阳江－海口，下降了 10 位。

由上述分析可知，湛江因为位于北部湾城市群的中心地带，在国家加速构建粤西海洋经济重点发展区、不断推进北部湾城市群建设的背景下，城市间的滨海旅游协同发展水平的增长速度快于北部湾地区其他城市。而三亚、海口两市虽然在滨海旅游资源禀赋上优于北部湾区域其他城市，协同发展中也表现出领先态势，但近年来与北部湾城市群各城市的城市间滨海旅游协同发展速度有一定幅度的降低，尤其是与防城港、阳江的旅游协同水平还需要提高。

第四节　城市滨海旅游协同发展水平演化分析

一、城市滨海旅游协同发展水平测评

笔者根据式（3-6）至式（3-11），对 2007 年、2019 年北部湾

地区湛江、阳江、茂名、海口、三亚、钦州、防城港、北海8个城市的旅游协同发展水平进行测算,得到2007年、2019年8个城市的旅游协同发展水平,如表5-5所示。

表5-5 2007年、2019年北部湾城市群8个城市滨海旅游协同发展水平

城市	2007年		2019年		增长率
	协同发展水平	排名	协同发展水平	排名	
湛江	0.570	4	1.414	1	148.18%
茂名	0.574	3	1.389	5	141.92%
阳江	0.553	6	1.366	7	147.07%
北海	0.554	5	1.391	4	151.04%
防城港	0.546	7	1.360	8	149.40%
钦州	0.538	8	1.382	6	156.95%
海口	0.623	2	1.394	3	123.68%
三亚	0.632	1	1.405	2	122.34%

2007年,北部湾城市群滨海旅游协同发展水平的总体排序为:三亚>海口>茂名>湛江>北海>阳江>防城港>钦州。三亚(0.632)与海口(0.623)高于北部湾8市的平均水平(0.574),处于北部湾城市群滨海旅游协同发展的领导性地位;茂名(0.574)与湛江(0.570)紧随其后,均大于中位数(0.562),滨海旅游协同发展水平较高;其余城市均小于中位数。广西的北海、防城港、钦州滨海旅游协同发展水平位序分别为第5、第7、第8,低于海南和广东的大部分城市,而阳江市滨海旅游协同发展水平位序为第6,在广东省滨海城市中排于末尾。

2019年,北部湾城市群滨海旅游协同发展水平的总体排序为:湛江>三亚>海口>北海>茂名>钦州>阳江>防城港。三亚、海口、湛江、北海、茂名的滨海旅游协同发展水平高于北部湾8市平均

水平（1.388），其中湛江（1.414）与三亚（1.405）高于海口（1.394）、北海（1.391）、茂名（1.389），处在领先的地位；海口、北海与茂名紧随其次，水平较高，其余3市的滨海旅游协同发展水平低于平均值。广东的阳江滨海旅游协同发展水平位序为第7，低于位于北部湾中心地区的湛江。广西的钦州、防城港滨海旅游协同发展水平位序分别为第6、第8，低于在地理位置上更接近海南与广东的北海。

从增长率来看，2019年各城市滨海旅游协同发展水平较2007年全部都实现了三位数的增长，这说明北部湾城市群的城市都表现出了非常优秀的滨海旅游协同发展态势。其中增长最显著的城市是钦州（156.95%）与北海（151.04%），而三亚（122.34%）、海口（123.68%）因为在2007年就已经达到了相对较高的滨海旅游协同发展水平，2019年的增长率处在靠后的状态。

二、城市滨海旅游协同发展水平动态演化分析

笔者根据式（3-6）至式（3-11），对2007—2019年北部湾地区湛江、阳江、茂名、海口、三亚、钦州、防城港、北海8个城市的旅游协同发展水平进行测算，得到各年份8个城市的旅游协同发展水平及其排名。限于篇幅，笔者仅列举2007年、2013年、2019年三个年份的测算结果，如表5-6所示。

表5-6　北部湾城市群8个城市之间旅游协同发展水平

城市组合	2007 年		2013 年		2019 年	
	城市间水平	排名	城市间水平	排名	城市间水平	排名
湛江-茂名	0.573	14	0.955	9	1.420	4
湛江-阳江	0.546	18	0.905	17	1.394	12
湛江-北海	0.547	17	0.956	8	1.423	3

续表 5 - 6

城市组合	2007 年		2013 年		2019 年	
	城市间水平	排名	城市间水平	排名	城市间水平	排名
湛江 - 防城港	0.539	20	0.898	19	1.387	15
湛江 - 钦州	0.527	23	0.896	20	1.412	6
湛江 - 海口	0.628	5	0.977	3	1.427	2
湛江 - 三亚	0.639	3	0.985	2	1.439	1
茂名 - 阳江	0.550	16	0.891	21	1.364	22
茂名 - 北海	0.552	15	0.942	10	1.392	13
茂名 - 防城港	0.544	19	0.884	24	1.357	25
茂名 - 钦州	0.532	21	0.882	25	1.383	17
茂名 - 海口	0.633	4	0.963	7	1.396	11
茂名 - 三亚	0.644	2	0.971	5	1.409	8
阳江 - 北海	0.529	22	0.899	18	1.367	21
阳江 - 防城港	0.517	25	0.838	26	1.331	28
阳江 - 钦州	0.512	27	0.836	27	1.357	26
阳江 - 海口	0.608	10	0.915	13	1.371	20
阳江 - 三亚	0.618	7	0.923	11	1.383	18
北海 - 防城港	0.519	24	0.890	22	1.360	24
北海 - 钦州	0.513	26	0.888	23	1.385	16
北海 - 海口	0.610	9	0.967	6	1.400	10
北海 - 三亚	0.619	6	0.975	4	1.412	7
防城港 - 钦州	0.499	28	0.828	28	1.350	27
防城港 - 海口	0.600	11	0.908	15	1.364	23
防城港 - 三亚	0.610	8	0.916	12	1.376	19
钦州 - 海口	0.591	13	0.906	16	1.389	14
钦州 - 三亚	0.600	12	0.913	14	1.402	9
海口 - 三亚	0.700	1	0.994	1	1.416	5

从表 5 - 6 中可知，从 2007 年到 2019 年，各城市的滨海旅游协

同发展水平依次都有着不同程度的提高，总体上呈现出依年增长的趋势。

随着时间推移，城市滨海旅游协同发展水平的排名逐渐上升的城市有湛江、北海、钦州，其中湛江随时间推移排名上升的速度最快，2007—2009 年排名第 4，2010—2013 年排名第 3，2014—2017 年排名第 2，2018 年、2019 年已上升至第 1 位，总共上升了 3 位。

随着时间推移，城市滨海旅游协同发展水平的排名逐渐下降的城市有茂名、阳江、三亚，其中茂名随时间推移排名下降的速度最快，2007—2009 年排名第 3，2010—2013 年排名第 4，2014—2019 年排名第 5，总共下降 2 位。其余城市的排名变动很小，或是在小范围波动之中。

第六章
北部湾城市群区域滨海旅游形象投射与竞争分析

第一节　研究数据来源

笔者选择了北海市旅游文体局的官方网站（http://xxgk. beihai. gov. cn/lywtj/#. airline/）和湛江市文化广电旅游体育局的官方网站（http://www. gdzjtravel. gov. cn/lyzx/lydtlist63. html/）以及它们的旅游微信公众号（分别为湛江旅游和北海市旅游文体局）为主要来源，以获取两地所投射的形象数据。本章使用"八爪鱼采集器"这一工具，对北海和湛江在官方报道中所提及的投射形象文本进行了采集，收集 2021 年至 2022 年之间的官方报道文本，之后经过人工浏览、逐条筛选，将繁杂的官方投射信息进一步筛选。文本筛选的原则是：①删除广告性质的宣传以及局部性或片面性的政策报道；②文本字数达到 1000 字以上，并且拥有充实丰富的旅游信息量；③保留每篇文本至少含有 2 个及以上的旅游目的地投射形象元素；④如果有重复性宣传，相同主题的文本只能选择其中 1 篇收集到数据库中。按照以上筛选原则，挑选出满足要求的湛江官方投射形象报道共 123 篇和北海官方投射形象报道共 124 篇。

第二节　滨海旅游投射形象网络构建

　　笔者采用归纳方法建立代码，先分别对北海和湛江的官方宣传文本进行分析，提取出初始编码，然后在初始编码的基础上，对出现频次高且代表性强的初始编码进行进一步整理。同时，笔者借鉴了以往的文献研究，逐渐形成能够涵盖初始编码并且能形成系统的理论编码，从而得出本文研究中所需的认知形象和情感形象要素，编码提取过程如表6－1所示，部分理论编码解释与提取来源如表6－2所示。在此基础上，本章共提炼出了38个与滨海旅游目的地相契合的投射形象元素，其中在认知形象维度下有30个，在情感形象维度下有7个（见表6－3）。然后根据上述理论编码数据，构建北海和湛江的多值共现矩阵，并将其导入UCINET软件进行指标分析。

表6－1　文本编码提取过程示意

序号	文本	初始编码	理论编码
1	自古以来是南珠故乡，有三千多年历史沉淀，给人一种淳朴安逸的感受，美景美食令人陶醉不已，拥有涠洲岛、银滩、老街等备受游客喜爱的旅游打卡地	历史沉淀、淳朴安逸、美景美食、涠洲岛、银滩、老街	历史事迹、舒适惬意、海洋风光、美食小吃、建筑遗迹
2	待到夕阳西下，渔舟唱晚，银滩显现出迷人的夜色，恢宏壮观的潮雕灯光秀开始上演，所见之处流光溢彩，绚丽多姿……璀璨灯火绘就出一幅美丽的滨海夜景画卷，如梦如幻	银滩、恢宏壮观的潮雕灯光秀、滨海夜景、如梦如幻	海洋风光、壮丽雄伟、节事表演、浪漫梦幻

表6-2 部分理论编码解释与提取来源

理论编码	简要解释	初始文本高频词或短句示例
海洋风光	以海洋旅游资源为基础，可以为游客呈现优美的景色，带来多样的感官体验	海岛、沙滩、海水
建筑遗迹	经过岁月洗礼遗留下来的建筑物遗址与生活环境遗址	赤坎老街、北海老街、骑楼建筑
热带植物	生长在热带地区的植物	红树林、热带森林、椰林
气候环境	表现当地生态环境以及气候天象的景观	日出、日落、蓝天白云、清新的空气
地理特征	通过大自然自身作用形成的独特的地形地貌	火山、沉积岩、地质公园
美食小吃	具有当地特色的美味佳肴以及标志性的饮食场所	海鲜、热带水果、特色美食街
生活状态	当地居民特有的日常生活习惯	出海捕鱼、晒网
非遗艺术	当地人民世代相传，并视为其文化遗产组成部分的各种传统文化表现形式	醒狮、傩舞、石狗、雷州剧、龙人舞
科教研学	具有科学教育意义的艺术作品或者研学活动	博物馆、研学讲堂、乡村体验
户外活动	游客在户外进行的娱乐休闲活动	骑行、冲浪、散步、游船、赶海
节事表演	精心策划的演出活动以及表演	篝火晚会、电音泼水节
酒店住宿	目的地推出的特色酒店住宿设施、特色酒店住宿体验	"珊瑚石"民宿、主题酒店
舒适惬意	游客放松身心，达到身心愉悦	感受惬意的慢时光、充满诗意
壮丽雄伟	景色瑰丽壮观，给游客带来视觉上的冲击	流光溢彩、绚丽多姿、璀璨灯火

表6-3　滨海旅游目的地投射形象元素

形象维度	次级类目	目的地元素
认知形象	自然风景	海洋风光、热带植物、海洋生物、气象环境、地理特征、野生动物
	人文资源	民俗文化、遗迹建筑、宗教信仰、美食小吃、主题乐园、生活状态、特有产品、特色村落、历史事迹、科教研学、都市风貌、夜生活、非遗艺术
	旅游服务	购物、酒店住宿、娱乐设施、交通设施、服务质量、服务设施
	娱乐活动	户外活动、婚庆旅拍、会议展览、节事表演、体育赛事
情感形象	轻松	文艺典雅、休闲度假、舒适惬意
	兴奋	浪漫梦幻、时尚潮流、热闹刺激
	愉悦	壮丽雄伟

第三节　滨海旅游网络整体态势分析

表6-4的计算结果表明，在北海旅游目的地投射形象网络中，能够识别35个形象元素；其网络密度为0.768，说明北海各个形象元素之间联结十分密切；其网络效率只有0.246，说明它的行动效率较低，冗余性联结多。该网络在88.8%的程度上才呈现高凝聚态势，并且各形象元素的平均路径长度为1.288，小世界性非常明显。

表6-4　北海和湛江目的地投射形象网络整体结构指标

网络指标	网络规模	网络密度	网络效率	聚类系数	平均路径距离
北海目的地投射形象网络	35	0.768	0.246	0.888	1.288
湛江目的地投射形象网络	33	0.581	0.446	0.863	1.437

湛江旅游目的地投射形象网络中只识别出了33个形象元素，相比北海，其在认知形象维度缺少了婚庆旅拍和体育赛事；在情感维度

中缺少了浪漫梦幻和壮丽雄伟，不过它具有独特的认知元素（非遗艺术和都市风貌）。湛江的网络密度为 0.581，相较于北海而言，其各个元素之间联结没有很紧密。不过其网络效率更高（0.446），说明冗余关系更少。除此之外，湛江的网络聚类系数为 0.863，比北海的网络凝聚力稍低，平均路径也更长（1.437）。

第四节 滨海旅游网络节点结构分析

笔者对北海和湛江的投射形象网络中心性进行了标准化处理。具体内容如下。

一、程度中心性分析

程度中心性表示与一节点直接相连的其他节点的个数，程度中心性越高，投射关联的效应量也越大。在北海旅游目的地投射形象网络中，平均每个形象元素能够与76.807%的其他形象元素产生共现联结关系。其中气候环境的程度中心性最高，达到了100.000%，在整个网络结构中达到了最核心的地位并实现了全网共现。共同位于第二的是海洋风光、建筑遗迹和历史事迹，三者都实现了97.059%的网络联结，紧随其后的是美食小吃（94.118%）。在湛江旅游目的地投射形象网络中，平均每个形象元素能够与58.144%的其他形象元素产生共现联结关系。湛江的海洋风光程度中心性最高（93.750%），但并没有实现全网覆盖；排在第二的是美食小吃（87.500%），与首位元素的程度中心度相差较大；之后是建筑遗迹，它的程度中心性为84.375%（见表6-5）。

表6－5　北海和湛江目的地投射形象网络节点中心性

城市	目的地投射形象元素	程度中心性/%	中介中心性	特征向量中心性/%	类型	城市	目的地投射形象元素	程度中心性/%	中介中心性	特征向量中心性/%	类型
北海	气候环境	100.000	2.513	28.210	核心元素	湛江	海洋风光	93.750	7.756	32.410	核心元素
	海洋风光	97.059	1.902	27.849	核心元素		美食小吃	87.500	5.378	31.569	核心元素
	建筑遗迹	97.059	1.902	27.849	核心元素		建筑遗迹	84.375	6.497	30.561	核心元素
	历史事迹	97.059	1.608	27.976	核心元素		热带植物	81.250	2.017	30.875	核心元素
	美食小吃	94.118	1.258	27.557	核心元素		气候环境	81.250	2.114	30.688	核心元素
	热带植物	91.176	0.861	27.195	核心元素		夜生活	81.250	2.477	30.248	核心元素
	主题乐园	91.176	1.484	26.636	核心元素		户外活动	81.250	1.744	30.970	核心元素
	特色村落	91.176	0.985	27.091	核心元素		休闲度假	81.250	3.033	30.688	核心元素
	娱乐设施	91.176	0.922	27.152	核心元素		生活状态	68.750	1.967	26.742	核心元素
	户外活动	91.176	1.069	26.947	核心元素		科教研学	68.750	1.906	26.900	核心元素
	舒适惬意	91.176	0.985	27.091	核心元素		历史事迹	65.625	1.734	26.214	核心元素
	海洋生物	88.235	1.225	26.097	核心元素		特有产品	78.125	0.914	30.733	重要元素
	地理特征	85.294	1.312	25.009	核心元素		特色村落	78.125	1.147	30.507	重要元素
	酒店住宿	85.294	0.894	25.769	核心元素		地理特征	75.000	0.993	29.573	重要元素
	休闲度假	82.353	0.842	24.522	核心元素		酒店住宿	75.000	1.194	29.166	重要元素
	生活状态	85.294	0.417	26.202	重要元素		舒适惬意	75.000	2.341	29.312	重要元素
	科教研学	85.294	0.543	25.985	重要元素		民俗文化	65.625	0.231	27.199	重要元素
	夜生活	85.294	0.455	26.156	重要元素		主题乐园	65.625	0.220	27.176	重要元素
	民俗文化	82.353	0.409	25.473	重要元素		海洋生物	62.500	0.115	26.304	重要元素
	特有产品	82.353	0.215	25.736	重要元素		非遗艺术	62.500	0.484	25.510	重要元素
	节事表演	82.353	0.409	25.344	重要元素		野生动物	59.375	0.055	25.213	重要元素
	文艺典雅	82.353	0.292	25.535	重要元素		购物	59.375	1.052	22.644	重要元素
	浪漫梦幻	82.353	0.482	25.286	重要元素		会议展览	53.125	0.547	21.230	边缘元素
	时尚新潮	79.412	0.376	24.442	重要元素		节事表演	46.875	0.000	20.280	边缘元素
	壮丽雄伟	76.471	0.246	23.820	重要元素		服务设施	40.625	0.231	16.224	边缘元素

续表 6－5

城市	目的地投射形象元素	程度中心性/%	中介中心性	特征向量中心性/%	类型	城市	目的地投射形象元素	程度中心性/%	中介中心性	特征向量中心性/%	类型
北海	服务设施	73.529	0.533	22.358	边缘元素	湛江	交通设施	37.500	0.013	15.981	边缘元素
	会议展览	73.529	0.311	22.736	边缘元素		娱乐设施	25.000	0.011	10.816	边缘元素
	热闹刺激	67.647	0.074	21.438	边缘元素		热闹刺激	25.000	0.000	10.854	边缘元素
	服务质量	55.882	0.000	17.985	边缘元素		服务质量	21.875	0.000	8.402	边缘元素
	婚庆旅拍	52.941	0.023	16.953	边缘元素		宗教信仰	9.375	0.000	4.103	边缘元素
	野生动物	41.176	0.007	13.413	边缘元素		都市风貌	9.375	0.000	4.310	边缘元素
	购物	38.235	0.039	12.083	边缘元素		文艺典雅	9.375	0.000	3.924	边缘元素
	交通设施	35.294	0.000	11.670	边缘元素		时尚新潮	9.375	0.000	4.051	边缘元素
	体育赛事	32.353	0.008	10.416	边缘元素		均值	58.144	1.399	22.769	—
	宗教信仰	20.588	0.000	6.739	边缘元素		—	—	—	—	—
	均值	76.807	0.703	23.221	—		—	—	—	—	—

二、中介中心性分析

中介中心性表示一个节点在多大程度上控制其他节点对关系的能力，即该点处于其他点对最短路径上的能力。在北海旅游目的地投射形象网络中，平均每个形象元素承担了 0.703 次中介职能，节点之间的等级差异不太明显。全网的中介中心性都偏低，其中气候环境的中介中心性最高（2.513），居于网络核心控制地位，发挥着 10.216% 中介职能，它是北海目的地投射形象构建的基础。除此之外，海洋风光、建筑遗迹、历史事迹等其他核心元素的中介中心性值域为 [0.842，1.902]。它们在北海旅游营销策略中发挥着重要作用，属于优势形象元素。但北海的形象元素中也有完全处于边缘的元素，如服务质量、交通设施、宗教信仰等。在湛江旅游目的地投射形象网络中，平均每个形象元素承担了 1.399 次中介职能，节点之间的等级差异较显著。湛江中介桥梁作用最大的是海洋风光（7.756），处于网络的核心控制地位，其次是建筑遗迹（6.497），排在第三的是美食小吃（5.378），三者在湛江目的地投射形象中占有重要地位，一起发挥着42.526%的中介职能。热带植物、气候环境、夜生活等其他核心元素的中介中心性值域为［1.734，3.033］。北海与湛江目的地投射形象网络都呈现以自然景观为重要桥梁的特征。

三、特征向量中心性分析

特征向量中心性指一个节点的中心性是相邻节点中心性的函数。节点所连接的节点越重要，其自身的特征向量中心性也就越高。在北海旅游目的地投射形象网络中，气候环境（28.210%）和历史事迹（27.976%）二者相差不超过1.000%。气候环境首位度优势不足，较容易被替代。并列第三的是海洋风光和建筑遗迹（27.849%），二者数值紧随其后。在湛江旅游目的地投射形象网络中，海洋风光的特征向量中心性最高，达32.410%，其次是美食小吃、户外活动和热带植物，三者的特征向量中心性皆在30.000%以上，且与海洋风光特征向量中心性相差很小，说明海洋风光并不具有显著的首位度优势，同样容易被替代。

通过综合考虑节点的权重，笔者将形象元素分为三类：核心元素、重要元素和边缘元素。在此分类中，核心元素需要满足三个中心性指标的得分都高于平均水平，重要元素则要求至少拥有一个中心性指标的得分高于平均水平，而边缘元素要求满足所有中心性指标的得分全都低于平均水平。经过比较分析，在北海旅游目的地投射形象网络中，共有15个核心元素，其中有两个情感形象维度（休闲度假、舒适惬意），除此之外都是认知形象维度；重要元素共有10个，情感形象维度占比40%。在湛江旅游目的地投射形象网络中，核心元素和重要元素共有22个，其中仅有休闲度假、舒适惬意属于情感形象维度，其余均属于认知形象维度。这反映了湛江对情感形象投射较少，更多突出在对认知形象的投射。

综合来看，相关部门对北海目的地形象投射和湛江目的地形象投射的目的是使自然景观和人文景观均衡发展，但北海更偏向于采用多中心性的策略。海洋风光、热带植物、气候环境、户外活动、休闲度假、美食小吃和建筑遗迹都是北海和湛江的目的地投射形象中的核心元素。在北海目的地投射形象中，它的核心元素（主题乐园、特色村落、舒适惬意、海洋生物、地理特征和酒店住宿）在湛江目的地投射形象网络中均为重要元素，而另一核心元素（娱乐设施）则在湛江目的地形象投射位于边缘位置。与之相比，湛江目的地投射形象中的核心元素（生活状态、夜生活和科教研学）在北海目的地形象投射中均是重要元素。这可能由于北海和湛江地理位置相近，二者的特色海洋旅游资源十分相似，所以在核心投射形象中存在部分资源同质化竞争的现象。例如，北海的合浦和湛江的徐闻都是汉代海上丝绸之路始发港。北海在发挥海洋风光作用的同时加入了对海上丝绸之路文化的宣传，建成主题乐园（海丝首港景区）以吸引更多游客，同时将北海老街作为主要文旅特色宣传。而自《隐秘的角落》热播后，湛江也更加重视对建筑遗迹的宣传（赤坎老街、骑楼建筑），同时发挥自身独特优势开发特色村落以及推广"中国海鲜美食之都"的旅游品牌 IP，以期实现海鲜美食引客与留客的双重目的。

第五节　滨海旅游网络路径分析

边权重是指节点之间的连接强度，可以用它们之间的共现频次表示，体现两端的节点之间相互关系的强弱。如果两个元素之间的共现频率越高，它们之间的连线权重就越大，也就意味着它们之间的信息传递路径越宽，彼此联系也就越紧密。因此，边权重是构建网络连通性的主要因素之一。本节中笔者选取了北海和湛江网络中互关强度排名前 10 的边权为例进行分析。在北海目的地投射形象网络中排名前 10 的边权共有 8 个，且都是核心元素，组合投射较为分散。其中海洋风光起核心作用，同时带动着周围节点的发展。与之相比，在湛江目的地投射形象网络中排名前 10 的边权共有 7 个（6 个核心元素和 1 个重要元素）。与北海的元素组合相比，湛江的元素组合更为集中，形成了一个海洋风光、热带植物和美食小吃三足鼎立的局面。其中在湛江排名第 1 的边权海洋风光 – 热带植物以及海洋风光 – 美食小吃在北海中仅分别排在第 6 和第 3（见表 6 – 6），并且与美食小吃 – 热带植物构成了湛江最常见的投射形象组合。（如图 6 – 1、图 6 – 2 所示）

表 6 – 6　北海和湛江目的地投射形象网络的边权强度

城市	排序	目的地投射形象网络边权	强度	城市	排序	目的地投射形象网络边权	强度
北海	1	海洋风光 – 气候环境（C – C）	100	湛江	1	海洋风光 – 热带植物（C – C）	100
	2	海洋风光 – 户外活动（C – C）	96		2	海洋风光 – 美食小吃（C – C）	100
	3	海洋风光 – 美食小吃（C – C）	80		3	美食小吃 – 热带植物（C – C）	82
	4	海洋风光 – 建筑遗迹（C – C）	78		4	海洋风光 – 休闲度假（C – C）	72
	5	气候环境 – 户外活动（C – C）	73		5	海洋风光 – 气候环境（C – C）	69
	6	海洋风光 – 热带植物（C – C）	70		6	海洋风光 – 地理特征（C – M）	69
	7	海洋风光 – 地理特征（C – C）	70		7	海洋风光 – 建筑遗迹（C – C）	62
	8	海洋风光 – 历史事迹（C – C）	67		8	美食小吃 – 建筑遗迹（C – C）	59
	9	气候环境 – 美食小吃（C – C）	65		9	建筑遗迹 – 热带植物（C – C）	55
	10	美食小吃 – 户外活动（C – C）	63		10	热带植物 – 地理特征（C – M）	52

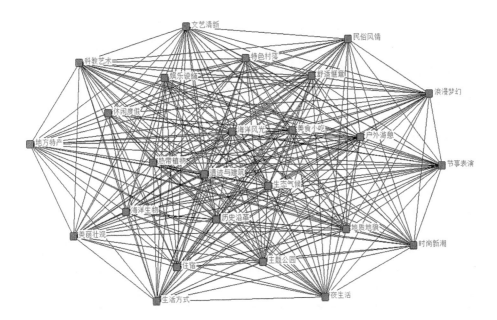

图6-1　北海滨海旅游形象投射形象网络路径

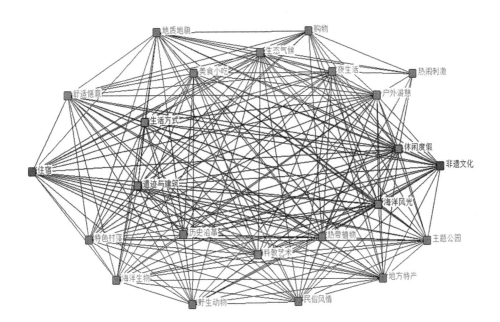

图6-2　湛江滨海旅游形象投射形象网络路径

第六节　滨海旅游网络社团分析

运用 UCINET 6.212 软件中的凝聚子群分析对北海和湛江的投射形象网络的网络社团进行分析，将最大切割深度选取为 3，分别得到北海和湛江的凝聚子群以及它们的密度矩阵，如表 6-7、表 6-8 和表 6-9 所示。

在北海目的地投射形象网络中，包含 8 个凝聚子群，凝聚子群规模（社团成员个数）最大为 11、最小为 1，其中规模大于 5 的凝聚子群有 4 个，占比 50%。这些凝聚子群规模具有多样化特征，且长短有序。北海的社团中存在 6 种组合类型：C＋C（2 个），C（1 个），P＋P（1 个），C＋M（2 个），C＋M＋P（1 个），M＋P（1 个）。北海目的地投射形象更强调多个核心元素整体在发挥主要辐射作用，突出核心元素强强联手的发展策略。在湛江目的地投射形象网络中，共有 7 个凝聚子群，规模小于 5 的凝聚子群有 5 个，达到了整体的 71.429%。社团中的组合类型也有 6 种：C＋M（1 个），C＋M＋P（1 个），C＋P（1 个），M＋P（1 个），P＋P（2 个），P（1 个）。在湛江旅游目的地投射形象网络中，核心元素和重要元素对边缘元素的带动作用更为明显。这体现了以强带弱的均衡型策略对提高整个形象网络的影响力的作用。

表6-7　北海和湛江目的地投射形象网络的社团结构

社团类型	北海目的地投射形象元素	湛江目的地投射形象元素
社团1	海洋风光、建筑遗迹、海洋生物（C＋C＋C）	海洋风光、热带植物、地理特征、气候环境、特有产品、特色村落、酒店住宿、美食小吃、休闲度假、夜生活、户外活动（C＋C＋M＋C＋M＋M＋M＋C＋C＋C＋C）
社团2	地理特征、主题乐园（C＋C）	海洋生物、民俗文化、主题乐园、历史事迹、建筑遗迹、宗教信仰、节事表演、非遗艺术、科教研学、娱乐设施、野生动物、舒适惬意（M＋M＋M＋C＋C＋P＋P＋M＋C＋P＋M＋M）
社团3	气候环境（C）	生活状态交通设施（C＋P）
社团4	购物、野生动物、宗教信仰、交通设施（P＋P＋P＋P）	文艺典雅、时尚新潮（P＋P）
社团5	热带植物、生活状态、历史事迹、特色村落、舒适惬意、科教研学、特有产品、美食小吃、酒店住宿、娱乐设施、文艺典雅（C＋M＋C＋C＋C＋M＋M＋C＋C＋C＋M）	都市风貌（P）
社团6	服务质量、服务设施、体育赛事、壮丽雄伟、休闲度假（P＋P＋P＋M＋C）	服务设施、购物、会议展览（P＋M＋P）
社团7	夜生活、户外活动、民俗文化、浪漫梦幻、节事表演（M＋C＋M＋M＋M）	服务质量、热闹刺激（P＋P）
社团8	会议展览、婚庆旅拍、热闹刺激、时尚新潮（P＋P＋P＋M）	—

注：C代表核心元素，M代表重要元素，P代表边缘元素。

从表6-8中可以发现，在北海的子群密度矩阵中，社团内部联系最紧密的有社团1、社团2、社团5、社团7和社团8，它们内部联系密度都达到了 1.000；内部子群联系性最差的是社团 4，它的密度为 0.000。在子群外部之中，社团 2 和社团 6、社团 6 和社团 8 以及社团 4 和社团 5、社团 6、社团 7、社团 8 之间的联系性较低，它们之间的密度都低于 0.500；社团 6 和社团 7 以及社团 2 和社团 8 之间的联系性一般，密度值分别为 0.680 和 0.750；其他社团之间的联系性都十分紧密，密度值达到了 0.800 以上，甚至最高达 1.000，这些社团之间存在着核心元素，它们这些节点交流频率极高。

表 6-8 北海社团密度矩阵

社团类型	社团 1	社团 2	社团 3	社团 4	社团 5	社团 6	社团 7	社团 8
社团 1	1.000	1.000	1.000	0.917	1.000	0.800	1.000	0.833
社团 2	1.000	1.000	1.000	1.000	1.000	0.400	1.000	0.750
社团 3	1.000	1.000	1.000	1.000	1.000	1.000	1.000	1.000
社团 4	0.917	1.000	1.000	0.000	0.295	0.200	0.200	0.125
社团 5	1.000	1.000	1.000	0.295	1.000	0.891	1.000	0.886
社团 6	0.800	0.400	1.000	0.200	0.891	0.800	0.680	0.100
社团 7	1.000	1.000	1.000	0.200	1.000	0.680	1.000	0.900
社团 8	0.833	0.750	1.000	0.125	0.886	0.100	0.900	1.000

如表 6-9 所示，在湛江的子群密度矩阵中，社团内部互动性最强为社团 1、社团 3 以及社团 6，它们自身内部密度高达 1.000；其次是社团 2，它的内部联系密度为 0.636，内部互动性一般；密度最低的为社团 4、社团 7。在子群之间，社团 1 和社团 2、社团 1 和社团 3、社团 1 和社团 6 以及社团 6 和社团 7 之间的交流较频繁，密度都高于 0.500；其他社团之间互动性不明显，联系密度均不高于 0.500。

表6－9　湛江社团密度矩阵

社团类型	社团1	社团2	社团3	社团4	社团5	社团6	社团7
社团1	1.000	0.871	0.818	0.045	0.182	0.879	0.500
社团2	0.871	0.636	0.417	0.167	0.083	0.194	0.000
社团3	0.818	0.417	1.000	0.250	0.000	0.500	0.000
社团4	0.045	0.167	0.250	0.000	0.000	0.000	0.000
社团5	0.182	0.083	0.000	0.000	0.000	0.000	0.000
社团6	0.879	0.194	0.500	0.000	0.000	1.000	0.667
社团7	0.500	0.000	0.000	0.000	0.000	0.667	0.000

第七章
广东沿海经济带区域滨海旅游竞合
生态位测评与演化分析

第一节　研究数据来源

滨海旅游竞合生态位测评指标数据主要来源于 2009—2018 年广东省统计年鉴、14 个滨海城市统计年鉴以及国民经济与社会发展统计公报、《中国近岸海域环境质量公报》、《广东省海洋环境状况公报》、广东省文化与旅游厅 A 级景区名录、中国自然资源部海洋保护区名录、广东省海岛旅游发展总体规划等。当数据出现不一致的时候，以上一级单位部门统计的数据为准。

在指标数据的收集过程中，笔者充分搜集了滨海旅游景区、海洋自然保护区、国家海洋公园、近岸海域水质、自然岸线保有率、海岸线长度等表征滨海旅游资源、滨海旅游生态、滨海社会经济等维度的指标因子。由于缺乏地级市滨海旅游市场的专门官方统计数据，而体验滨海风情是旅游者到访滨海城市的主要旅游动机，旅游者在滨海城市的旅游活动可能会内生性地根植滨海文化的特色基因，因此笔者用滨海城市旅游市场统计数据表征滨海旅游市场的发展状况。典型沙滩浴场质量与近岸海域水质属于计分型指标，是滨海旅游资源维、滨海旅游生态维的关键性表征指标。典型沙滩浴场质量的赋分标准为浴场健康指数，浴场健康指数数据来源于各年度广东省海洋环境状况公报。而近岸海域水质的计分依据为：在《中国近岸海域环境质量公报》中水质为"优"的赋值为10分，水质为"良"的赋值为8分，水质为"一般"的赋值为6分，水质为"差"的赋值为3分，水质为"极差"的赋值为1分。

表征滨海旅游生态位的三级指标既有正向性质指标，又存在负向性质指标，同时测评指标数据单位与数量级不统一，为了便于指标数据的科学比较与分析，笔者采用极差化方法对指标数据进行量纲标准化处理，计算方法见式（5-1）和式（5-2）。

第二节　指标体系构建

笔者以学者哈钦森（Hutchinson）提出的"多维超体积生态位"理念为指导，借鉴学术界关于沿海区域旅游生态位测评指标体系构建的研究成果，并充分关照维度指标的海洋特征属性，构建了由滨海旅游资源维、滨海旅游市场维、滨海社会经济维、滨海旅游生态维4大维度共22个指标所构成的滨海旅游竞合生态位测评维度指标体系（见表7-1）。同时，利用改进后的熵权法确定研究指标体系的权重值。

表 7 - 1 滨海旅游竞合生态位测评指标体系

一级指标 (A 层)	二级指标 (B 层)	三级指标 (C 层)	权重	性质	单位	指标参考
滨海旅游竞合生态位测评指标体系	B_1 滨海旅游资源维	C_1 A 级以上滨海旅游景区数量	0.0280	正向	个	李 平 (2019); 王苧萱 (2015) 等
		C_2 典型沙滩浴场质量	0.0351	正向	分	
		C_3 海岸线总长度	0.0061	正向	千米	
		C_4 国家海洋公园数量	0.0119	正向	个	
		C_5 休闲旅游用岛总数量	0.0206	正向	个	
	B_2 滨海旅游市场维	C_6 国内旅游收入	0.0631	正向	亿元	刘 佳 (2015); 王苧萱 (2015)
		C_7 国际旅游外汇收入	0.0177	正向	万美元	
		C_8 国际旅游人数	0.0230	正向	万人次	
		C_9 国内游客接待量	0.0717	正向	万人次	
		C_{10} 国内过夜旅游者接待人数	0.0722	正向	万人次	
	B_3 滨海社会经济维	C_{11} 城市居民人均可支配收入	0.0735	正向	元	刘 佳 (2015); 李淑娟 (2014); 刘 阳 (2013)
		C_{12} 高速公路密度	0.0754	正向	千米/百平方千米	
		C_{13} 人均地区生产总值	0.0732	正向	元	
		C_{14} 交通客运周转量	0.0582	正向	亿人千米	
		C_{15} 第三产业占 GDP 比重	0.0666	正向	%	
		C_{16} 客运量	0.0482	正向	万人	
		C_{17} 社会消费品零售总额	0.0652	正向	亿元	
	B_4 滨海旅游生态维	C_{18} 近岸海域水质状况	0.0432	正向	分	姚云浩 (2018); 李淑娟 (2019)
		C_{19} 省级以上海洋保护区数量	0.0119	正向	个	
		C_{20} 滨海城市污水处理率	0.0631	正向	%	
		C_{21} 滨海城市污水排放总量	0.0377	负向	亿吨	
		C_{22} 大陆自然岸线保有率	0.0345	正向	%	

第三节　滨海旅游生态位综合测评

2009—2018 年广东沿海经济带滨海旅游生态位值及排序见表 7 - 2。从表 7 - 2 中可以看出，广东沿海经济带 14 市滨海旅游生态位呈现"分层异质，小幅波动"的时序演进特征，各市生态位水平历时性演变态势总体不显著，局部存在一定分异。

表 7 - 2　2009—2018 年广东沿海经济带滨海旅游生态位值及排序

时间阶段	城市	滨海旅游资源维生态位		滨海旅游市场维生态位		滨海社会经济维生态位		滨海旅游生态维生态位		滨海旅游综合生态位	
		得分	排序	得分	排序	得分	排序	得分	排序	得分	排序
第一阶段：2009—2012 年	广州	0.0847	7	0.2816	1	0.1701	2	0.0366	14	0.1583	1
	深圳	0.1072	4	0.1900	2	0.1737	1	0.0629	11	0.1470	2
	珠海	0.1194	1	0.0644	4	0.0756	5	0.0694	8	0.0764	3
	东莞	0.0110	12	0.0742	3	0.1036	3	0.0429	13	0.0742	4
	江门	0.1067	5	0.0532	6	0.0503	7	0.0946	2	0.0664	6
	惠州	0.0987	6	0.0523	7	0.0607	6	0.0876	4	0.0685	5
	中山	0.0064	13	0.0362	10	0.0826	4	0.0539	12	0.0578	9
	汕头	0.1099	3	0.0399	8	0.0468	8	0.0831	5	0.0597	8
	揭阳	0.0056	14	0.0382	9	0.0373	12	0.0987	1	0.0471	11
	潮州	0.0325	11	0.0214	14	0.0355	14	0.0666	9	0.0385	14
	汕尾	0.0643	9	0.0313	12	0.0432	10	0.0768	6	0.0499	10
	湛江	0.1194	2	0.0642	5	0.0435	9	0.0898	3	0.0662	7
	茂名	0.0623	10	0.0215	13	0.0409	11	0.0724	7	0.0454	12
	阳江	0.0720	8	0.0314	11	0.0359	13	0.0646	10	0.0448	13

续表 7 – 2

时间阶段	城市	滨海旅游资源维生态位		滨海旅游市场维生态位		滨海社会经济维生态位		滨海旅游生态维生态位		滨海旅游综合生态位	
		得分	排序	得分	排序	得分	排序	得分	排序	得分	排序
第二阶段：2012—2015年	广州	0.0754	8	0.2605	1	0.1793	1	0.1876	1	0.1907	1
	深圳	0.1200	1	0.1950	2	0.1376	2	0.0476	13	0.1329	2
	珠海	0.0924	5	0.0595	5	0.0814	4	0.0561	10	0.0723	3
	东莞	0.0080	13	0.0597	4	0.0897	3	0.0448	14	0.0657	7
	江门	0.0854	7	0.0583	6	0.0657	5	0.0715	5	0.0669	5
	惠州	0.1040	3	0.0616	3	0.0634	6	0.0747	2	0.0691	4
	中山	0.0053	14	0.0300	12	0.0597	8	0.0513	12	0.0454	12
	汕头	0.0956	4	0.0463	9	0.0486	10	0.0597	9	0.0548	8
	揭阳	0.0404	11	0.0535	8	0.0418	12	0.0744	3	0.0508	10
	潮州	0.0343	12	0.0342	11	0.0432	11	0.0523	11	0.0419	13
	汕尾	0.0725	9	0.0211	14	0.0293	14	0.0687	8	0.0391	14
	湛江	0.1083	2	0.0536	7	0.0624	7	0.0695	6	0.0661	6
	茂名	0.0671	10	0.0296	13	0.0577	9	0.0726	4	0.0545	9
	阳江	0.0912	6	0.0370	10	0.0402	13	0.0693	7	0.0500	11
第三阶段：2015—2018年	广州	0.0632	10	0.2377	1	0.1845	1	0.0382	12	0.1619	2
	深圳	0.0924	6	0.1783	2	0.1394	2	0.2386	1	0.1620	1
	珠海	0.1042	3	0.0606	5	0.0781	4	0.0363	13	0.0689	4
	东莞	0.0078	13	0.0584	7	0.0852	3	0.0511	10	0.0646	7
	江门	0.0946	5	0.0689	3	0.0628	7	0.0603	9	0.0671	5
	惠州	0.1000	4	0.0634	4	0.0657	6	0.0770	3	0.0704	3
	中山	0.0018	14	0.0320	12	0.0663	5	0.0312	14	0.0448	13
	汕头	0.0803	8	0.0536	8	0.0474	10	0.0613	8	0.0547	9
	揭阳	0.0087	12	0.0442	10	0.0430	11	0.0740	5	0.0452	12
	潮州	0.0377	11	0.0529	9	0.0387	13	0.0484	11	0.0441	14
	汕尾	0.1398	1	0.0183	14	0.0346	14	0.0790	2	0.0482	10
	湛江	0.1061	2	0.0585	6	0.0604	8	0.0637	7	0.0650	6
	茂名	0.0722	9	0.0418	11	0.0539	9	0.0767	4	0.0563	8
	阳江	0.0912	7	0.0314	13	0.0401	12	0.0641	6	0.0469	11

1. **第一阶段: 2009—2012 年**

该阶段的滨海旅游生态位总体排序结果为: 广州 > 深圳 > 珠海 > 东莞 > 惠州 > 江门 > 湛江 > 汕头 > 中山 > 汕尾 > 揭阳 > 茂名 > 阳江 > 潮州。广州、深圳、珠海、东莞 4 市的滨海旅游生态位高于沿海 14 市生态位平均水平 (0.0714), 其中广州 (0.1583) 与深圳 (0.1470) 的滨海旅游生态位水平高于珠海 (0.0764) 与东莞 (0.0742), 处于广东沿海经济带滨海旅游发展的领导性地位; 珠海与东莞位居其次, 其滨海旅游发展水平较高; 其余 10 市的滨海旅游生态位均低于均值水平。珠三角的惠州、江门、中山生态位水平位序为第五、第六、第九位, 高于大部分粤东粤西滨海城市, 但中山市生态位水平低于粤东的汕头与粤西的湛江。

2. **第二阶段: 2012—2015 年**

该阶段的滨海旅游生态位总体排序结果为: 广州 > 深圳 > 珠海 > 惠州 > 江门 > 湛江 > 东莞 > 汕头 > 茂名 > 揭阳 > 阳江 > 中山 > 潮州 > 汕尾。不难发现第二阶段的生态位水平与第一阶段相比局部发生了一定变化: ①广州、深圳、珠海 3 市的滨海旅游生态位水平排序仍然位居前三名, 滨海旅游总体发展水平较为稳定, 仍然居于广东沿海经济带滨海旅游发展的核心地位, 而广州、深圳的生态位历时性变迁幅度相对显著。②较之于第一阶段, 滨海旅游生态位排序上升的城市为惠州、江门、湛江、茂名、阳江、揭阳、潮州, 生态位排序下降的城市为东莞、中山、汕尾。其中生态位排序变化幅度较大的城市为茂名、东莞、中山、汕尾。茂名滨海社会经济实力增强、滨海旅游生态环境质量的改善较大地促进了城市滨海旅游生态位排序的提升。东莞与中山因滨海旅游资源条件较差, 开发潜力较小, 加之滨海旅游生态质量低下, 而造成旅游综合生态位值较低。而汕尾市由于其滨海社会经济维生态位排序比前一阶段落后了 4 位, 导致综合生态位名次的较大幅度降低。

3. 第三阶段：2015—2018 年

该阶段的滨海旅游生态位总体排序结果为：深圳＞广州＞惠州＞珠海＞江门＞湛江＞东莞＞茂名＞汕头＞汕尾＞阳江＞揭阳＞中山＞潮州。较之于第二阶段，2015—2018 年 14 市滨海旅游生态位水平总体保持稳定，高于生态位均值水平的城市由第二阶段的 3 个（广州、深圳、珠海）缩减为 2 个（广州、深圳），其余城市均低于生态位均值。珠海市第三阶段滨海旅游生态维的生态位排序为 13，比第二阶段的排序下降了 3 位，滨海旅游生态环境质量的持续下滑，影响了城市旅游综合生态位的得分。同时，生态位变化幅度最大的城市为汕尾，这与汕尾滨海旅游资源潜力不断释放、滨海旅游生态环境持续改善息息相关。

第四节　滨海旅游生态位空间格局演化分析

从空间格局层面而言，广东沿海经济带 14 市滨海旅游生态位呈现"珠链式"的空间分布特征。三个阶段区域间滨海旅游生态位水平存在显著的空间分异，区域不平衡特征突出，生态位高值区逐渐向珠三角区域靠拢，生态位低值区域逐渐向经济带东翼转移，而经济带西翼呈现由低值区域向高值区域跃升趋势。三个阶段历时性演进过程中，二、三阶段的生态位水平变化幅度小，"中心高，两翼低"的生态位空间格局总体较为稳定，局域则存在一定程度的波动：①广州、深圳 2 市三个阶段均稳居高水平生态位等级，较高水平生态位等级区由一阶段的东莞、珠海 2 市增至二、三阶段的东莞、珠海、惠州、江门、湛江 5 市；较高、高水平生态位等级城市中珠三角区域占比增至85.71%，西翼区域占比增至 14.29%。②中等水平生态位等级城市数量由一阶段的湛江、江门、中山、惠州、汕头 5 市缩减为茂名、汕头

2 市。③三阶段较低、低水平生态位等级的滨海城市主要集中于东翼地区，而西翼的阳江、珠三角的中山的滨海旅游生态位水平呈现出疲软的发展态势，较低、低水平生态位等级城市中东翼区域占比稳居60%，而西翼区域占比逐渐缩小为20%。

第五节　滨海旅游生态位空间关联性分析

一、全局空间自相关分析

笔者以三个阶段14市滨海旅游生态位测算值为数据源，利用GeoDa软件构建空间权重矩阵，利用全局 Moran's I 深入探讨滨海旅游生态位的空间相关性水平。如表 7 - 3 所示，三个阶段的滨海旅游生态位全局 Moran 指数均大于 0，分别为 0.2829、0.1500、0.1803，而 Z 值大于 0，说明广东沿海经济带 14 市滨海旅游生态位存在空间正相关性，生态位空间分布存在集聚现象，但空间相关性只有第一阶段表现显著。同时，三阶段 Moran 值整体呈现出下降的演变态势，表明三阶段 14 市滨海旅游生态位全局空间相关性相对发生了由"强相关"到"弱相关"的演变，空间分布的集聚态势阶段性减弱。

表 7 - 3　2009—2018 年广东沿海经济带滨海旅游生态位全局 Moran 指数

年份阶段	Moran's I	$E(I)$	Z	P
2009—2012 年	0.2829	− 0.0769	1.9645	0.05
2012—2015 年	0.1500	− 0.0769	1.4509	0.095
2015—2018 年	0.1803	− 0.0769	1.4208	0.1

二、局域空间自相关分析

本节中，笔者运用 Moran 散点图进行局域空间自相关分析。在 Moran 散点图中，以 14 市滨海旅游生态位值为横坐标，以由空间权重矩阵决定的滨海旅游生态位空间滞后值为纵坐标，以散点的横纵坐标均值为中心原点，将空间联系平面图划分为 4 大象限，且每个象限代表不一样的空间关联模式（如图 7 - 1 所示）。

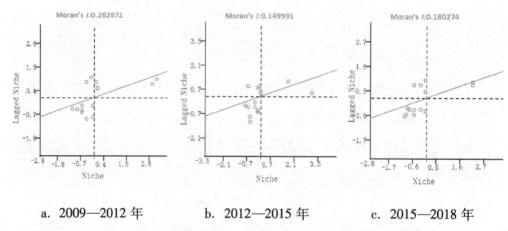

a. 2009—2012 年　　　b. 2012—2015 年　　　c. 2015—2018 年

图 7 - 1　2009—2018 年广东沿海经济带滨海旅游生态位 Moran's I 散点图

（1）第一象限：高高集聚型（H - H）。该象限内存在高等级生态位水平的滨海城市且其周围也分布着高等级生态位水平的滨海城市。第一象限城市数量发生历时性的缩减，由第一阶段的 4 个（广州、深圳、东莞、珠海）减少为第二阶段的 3 个（广州、深圳、珠海），再到第三阶段的 2 个（广州、深圳），说明高值中心核不断缩小，高值区域扩散效应发生阶段性减弱，高值中心区域滨海旅游一体化效应不突出。

（2）第二象限：低高集聚型（L - H）。该象限内存在较低生态位等级的滨海城市，其周围的滨海城市滨海旅游生态位水平较高；第二象限随着阶段演进城市数量有所增加，由第一阶段的 2 个（中山、惠州）到第二阶段的 3 个（中山、惠州、东莞），再到第三阶段的 4 个（中山、惠州、东莞、珠海），说明滨海旅游发展的屏蔽效应历时性增强。

（3）第三象限：低低集聚型（L－L）。该象限内存在较低等级生态位的滨海城市，且其周围滨海城市生态位水平也较低。三个阶段该象限城市数量皆为 8 个，占四种类型城市总数的 57.1%，说明大部分城市三阶段"L－L"集聚型空间关联模式没有发生历时性变化，存在持续稳定的空间自相关性，滨海旅游同质化竞争导致滨海旅游发展的"低值锁定"与"路径依赖"效应突出。

（4）第四象限：高低集聚型（H－L）。该象限内存在较高等级生态位的滨海城市，但是其周围滨海城市生态位等级较低。三个阶段都不存在此种类型的滨海城市。

利用 GeoDa 软件测算并得出三个阶段 14 市滨海旅游生态位聚类及其显著性。三个阶段的显著性状况具体表现如下：

（1）2009—2012 年。广州、惠州、汕头、揭阳的滨海旅游生态位通过了置信水平 $P = 0.05$ 的显著性检验，处于"H－H"（广州）、"L－H"（惠州）、"L－L"（汕头、揭阳）集聚的显著区域。中山市滨海旅游生态位通过了 $P = 0.001$ 的显著性检验，处于"L－H"集聚的显著区域。而东莞、深圳滨海旅游生态位通过了 $P = 0.01$ 的显著性检验，处于"H－H"集聚的显著区域。湛江、茂名、阳江、潮州、汕尾、珠海、江门 7 市没有通过显著性检验，说明这些滨海城市与周围城市的空间关联程度小，相互影响程度与水平低，大都处于孤立发展的状态，没有形成显著的空间集聚效应。

（2）2012—2015 年。深圳、东莞、惠州、揭阳的滨海旅游生态位通过了置信水平 $P = 0.05$ 的显著性检验，处于"H－H"（深圳）、"L－H"（东莞、惠州）、"L－L"（揭阳）集聚的显著区域。中山市滨海旅游生态位通过了 $P = 0.001$ 的显著性检验，处于"L – H"集聚的显著区域。而汕头滨海旅游生态位通过了 $P = 0.01$ 的显著性检验，处于"L – L"集聚的显著区域。较之于第一阶段，非显著区域城市数量有所增加，第一阶段的非显著区域城市维持不变，但增加了广州市，这与广州市滨海旅游发展的扩散效应出现阶段性减弱息息相关。

（3）2015—2018 年。深圳、东莞、惠州、揭阳的滨海旅游生态位通过了置信水平 $P = 0.05$ 的显著性检验，处于"H – H"（深圳）、"L – H"（东莞、惠州）、"L – L"（揭阳）集聚的显著区域。中山、汕头的滨海旅游生态位通过了 $P = 0.01$ 的显著性检验，分别处于"L – H"与"L – L"集聚的显著区域。与第二阶段相比较，非显著区域城市类型与数量保持不变，其数量占城市总数的 57%，说明该区域的空间集聚效应仍然不显著。

第六节　滨海旅游生态位时空演化驱动因素分析

笔者在利用地理探测器正式识别主导影响因子之前，对关联数据进行了类别化处理，使用自然间断点法将生态位多维影响因子分为 4 类，把连续变量离散化转为地理探测器可以处理的类别变量。利用 GeoDetector 软件对三个阶段滨海旅游生态位主导影响因子进行探测，因子探测结果中的 q 值是指多维影响因子对滨海旅游生态位的驱动力，p 值为显著性水平（见表 7 – 4）。三个阶段共有 13 个影响因子通过了置信水平为 0.01 的显著性检验，因此将这 13 个对滨海旅游生态位具有强驱动力的影响因子作为主导性因子，并将 13 个主导性因子划分为 4 大类：高等级滨海旅游景区数量（C_1）、滨海旅游市场效益（C_6、C_7、C_8、C_9、C_{10}）、滨海社会经济支撑力（C_{11}、C_{13}、C_{14}、C_{15}、

C_{17}）、滨海生态冲击（C_8、C_{21}）。

表 7 - 4　2009—2018 滨海旅游生态位时空演化特征影响因子的地理探测

探测因子	2009—2012 年		2012—2015 年		2015—2018 年	
	q 值	p 值	q 值	p 值	q 值	p 值
C_1	0.2645	0.6419	0.8730*	0.0055	0.4500	0.2007
C_2	0.5257	0.6455	0.1175	0.7576	0.4928	0.6613
C_3	0.3532	0.3513	0.3786	0.3011	0.4134	0.2529
C_4	0.4734	0.4086	0.3439	0.4947	0.1797	0.6978
C_5	0.0938	0.8796	0.1236	0.8311	0.0375	0.9616
C_6	0.9559*	0.0000	0.9618*	0.0000	0.9682*	0.0000
C_7	0.9615*	0.0000	0.9009*	0.0026	0.9803*	0.0000
C_8	0.9615*	0.0000	0.9759*	0.0000	0.9803*	0.0000
C_9	0.9775*	0.0000	0.9764*	0.0000	0.9709*	0.0000
C_{10}	0.9817*	0.0000	0.9159*	0.0000	0.9819*	0.0000
C_{11}	0.7159	0.0638	0.8850*	0.0040	0.9666*	0.0000
C_{12}	0.7257	0.2719	0.5887	0.4622	0.7125	0.2928
C_{13}	0.9527*	0.0000	0.6368	0.3477	0.7418	0.2160
C_{14}	0.9074	0.0204	0.9839*	0.0000	0.7583	0.1686
C_{15}	0.7848	0.1412	0.8784*	0.0062	0.9419*	0.0025
C_{16}	0.7698	0.1468	0.7969	0.1215	0.6432	0.4058
C_{17}	0.9151	0.0174	0.9404*	0.0031	0.9455*	0.0024
C_{18}	0.8949*	0.0034	0.8617*	0.0078	0.2084	0.6376
C_{19}	0.4734	0.4086	0.3439	0.4947	0.1797	0.6978
C_{20}	0.2195	0.6379	0.1797	0.6124	0.3621	0.2412
C_{21}	0.9260*	0.0000	0.8695*	0.0079	0.7173	0.2694
C_{22}	0.1848	0.6638	0.1502	0.7142	0.1096	0.7921

注：* 表示探测因子在 0.01 的置信水平上显著。

1. 高等级滨海景区数量

高等级滨海景区数量关系着滨海旅游地的滨海旅游经济发展质量，主要通过3A级以上滨海景区数量得以表征。滨海城市3A级以上滨海景区数量越多，旅游资源的市场吸引力就越大，旅游市场的经济效应就越发凸显，对滨海旅游生态位的影响也就越大。3A级以上滨海景区在历时性发展阶段过程中对滨海旅游生态位作用的显著性产生分异，其 q 值由第一阶段的 0.2645 增加到第二阶段的 0.8730 再缩减为第三阶段的 0.4500，只有第二阶段的 q 值通过了置信水平 0.01 的显著性检验。说明高等级滨海景区数量对滨海旅游生态位的解释力随着时间阶段的演进发生了"先强后弱"的变化，这是由于滨海城市随着滨海旅游发展阶段的演进，其旅游开发模式逐渐从资源导向型转变为市场导向型或多维因子综合导向型。

2. 滨海旅游市场效益

滨海旅游市场效益是决定滨海旅游生态位最重要的影响因子。滨海旅游市场效益主要通过滨海旅游市场的"量"与"质"两大方面综合表征。滨海旅游市场的"量"表现为"C_8 国际旅游人数"与"C_{10} 国内过夜旅游者接待人数"，而滨海旅游市场的"质"表现为"C_6 国内旅游收入"与"C_7 国际旅游外汇收入"。如表 7-4 所示，三个阶段关联指标因子（C_6、C_7、C_8、C_9、C_{10}）的 q 值都大于 90%，且全都通过置信水平为 0.01 的显著性检验，说明 2009—2018 年滨海旅游市场效益对滨海旅游生态位具有强且稳定的正向解释力，并持续影响着广东沿海经济带滨海旅游生态位的时空格局。其中指标因子"C_{10} 国内过夜旅游者接待人数"在第一阶段与第三阶段中的 q 值都居于首位，是造成 14 市滨海旅游生态位时空差异特征的主导性驱动因子。

3. 滨海社会经济支撑力

滨海社会经济支撑力是滨海旅游生态位产生时空关联与差异的关键性影响因素，主要通过人均地区生产总值、城市居民人均可支配收入、第三产业占 GDP 比重、社会消费品零售总额、交通客运周转量等指标因素得以表征。就三个阶段关联指标因子的显著性通过情况而言，第一阶段只有"C_{13}人均地区生产总值"（$q_1 = 0.9527$）指标因子通过了显著性检验，而第二、三阶段"C_{14}交通客运周转量"（$q_2 = 0.9839$）、"C_{11}城市居民人均可支配收入"（$q_2 = 0.8850$，$q_3 = 0.9666$）、"C_{15}第三产业占 GDP 比重"（$q_2 = 0.8784$，$q_3 = 0.9419$）、"C_{17}社会消费品零售总额"（$q_2 = 0.9404$，$q_3 = 0.9455$）等指标通过了置信水平为 0.01 的显著性检验，同时 C_{11}、C_{15}、C_{17} 三大指标因子的解释力皆存在阶段性增长态势。这表明滨海社会经济支撑力对滨海旅游生态位具有强解释力，显著性指标数量与类别随着时间阶段的演进发生了演变，社会消费环境、现代服务业发展水平、城市交通发展水平等指标逐渐替代社会经济总量指标而成为影响滨海旅游生态位的主导性因素。良好的城市经济实力、社会消费环境、交通发展水平、现代服务业发展水平为 14 市滨海旅游高质量发展提供了强有力的支撑性保障。

4. 滨海生态冲击力

　　滨海生态冲击是滨海旅游生态位时空特征的负向关联影响因素。滨海生态冲击主要通过滨海城市污水排放总量、近岸海域水质状况等指标因子影响滨海旅游生态位。近岸海域水质状况、滨海城市污水排放总量等指标因子对滨海旅游生态位的解释力总体较强，局部存在一定差异。第一、二阶段近岸海域水质状况、滨海城市污水排放总量两个指标因子的 q 值皆通过了置信水平为 0.01 的显著性检验，两个指标对滨海旅游生态位总体解释力较强，而第三阶段这两个指标因子的 q 值出现了波动性下滑，且未通过显著性检验。这是由于随着滨海旅游经济的发展，滨海生态冲击与影响问题日益突出，滨海各市对滨海污水排放总量及指标、近岸海域水质等级等方面逐渐重视并出台相关政策予以规制，使得滨海生态冲击的区际差异得到一定程度的缩小。

第八章
广东沿海经济带区域滨海旅游
"生态位－协调度"分析

第一节　研究数据来源

　　测评指标数据主要来源于 2015—2019 年广东省统计年鉴、14 个滨海城市统计年鉴以及国民经济与社会发展统计公报、《中国近岸海域环境质量公报》、广东省文化与旅游厅 A 级景区名录、中国自然资源部海洋保护区名录、《广东省海洋环境状况公报》等。典型沙滩浴场质量的计分依据为浴场健康指数，而浴场健康指数则根据各年度广东省海洋环境状况公报中的统计数据赋分。近岸海域水质状况是滨海旅游生态的关键性表征指标，其计分依据为：水质为"优"的赋值为 10 分，水质为"良"的赋值为 8 分，水质为"一般"的赋值为 6 分，水质为"差"的赋值为 3 分，水质为"极差"的赋值为 1 分。旅游产业优势度是滨海社会经济发展的重要经济指标，为旅游总收入占国内生产总值的比重。由于滨海旅游经济生态位测评指标存在正向与负向指标，且指标单位不统一，需要采用极差化方法对指标数据进行量纲标准化处理以利于指标数据的科学比较分析。极差标准化的计算方法见式（5-1）和式（5-2）。

第二节　指标体系构建

笔者借鉴了区域旅游生态位测评指标体系研究代表性成果，以学者哈钦森（Hutchinson）提出的"多维超体积生态位"理念为指导，遵循科学性、客观性、稳定性、代表性等指标选取原则，立足于滨海城市的海洋特征属性，最终构建出由滨海旅游资源维、滨海旅游市场维、滨海社会经济维、滨海生态环境维 4 大维度共 22 个指标所构成的滨海旅游经济发展生态位测评维度指标体系（见表 4-1）。

熵权法在指标权重赋值方面能在一定程度上避免主观赋值法带来的缺陷。笔者采用改进后的熵权法来确定滨海旅游经济生态位测评指标体系权重值（见表 4-1），指标权重值的计算步骤如下：

第一步，计算 n 时期第 j 项指标下第 i 个城市的该指标比重。定义 P_{ij} 为指标值 x'_{nij} 的比重，x'_{nij} 为均值化量纲处理后的指标数据值，指标值比重 P_{nij} 的具体测算公式如下：

$$P_{nij} = \frac{x'_{nij}}{\sum\limits_{i=1}^{m} x'_{nij}} \qquad (8-1)$$

$$(i = 1, 2, \cdots, m; \; j = 1, 2, \cdots, m)$$

式中，i 表示滨海旅游城市个数；j 表示各项评价指标；n 表示测算年份。

第二步，计算 n 时期 j 项指标的熵值，具体的计算公式如下：

$$e_{nij} = -k \sum_{i=1}^{m} p_{nij} \ln p_{nij} \qquad (8-2)$$

$$(i = 1, 2, \cdots, m; j = 1, 2, \cdots, m)$$

式中，e_{nij} 为 j 项指标熵值；k 为调节系数，$k = \dfrac{1}{\ln m}$。

第三步，计算 n 时期第 j 项指标的差异性系数，具体的计算公式如下：

$$g_{nij} = 1 - e_{nij} \qquad (8-3)$$

式中，g_{nij} 为差异性系数。e_{nij} 越小，则差异性系数越大，说明该指标对滨海旅游经济生态位的评价结果影响越大。

第四步，确定 n 时期 j 指标权重，具体的计算公式如下：

$$W_{nj} = \frac{g_{nij}}{\sum\limits_{i=1}^{m} g_{nij}} \qquad (8-4)$$

第三节　区域滨海旅游"生态位－协调度"分析

一、滨海旅游发展的竞合生态位测评

笔者以 2019 年广东沿海经济带 14 个滨海城市的统计数据为生态位"态"的测量值，以 2015—2019 年 14 个滨海城市的统计数据的年平均增长率为生态位"势"的度量值，量纲转换系数为"1"，运用式（3－1）和式（3－2）测算出 2015—2019 年广东沿海经济带 14

个滨海城市滨海旅游发展的分维度以及综合维度生态位评价值,并将得分评价值进行综合排序,最终得到 2015—2019 年该阶段广东沿海经济带滨海旅游经济发展生态位值及排序(见表 8-1)。

表 8-1 广东沿海经济带滨海旅游发展的竞合生态位值及排序

城市	滨海旅游资源维		滨海旅游市场维		滨海社会经济维		滨海生态环境维		综合生态位	
	得分	排序	得分	排序	得分	排序	得分	排序	得分	排序
广州	0.0633	10	0.2600	1	0.2188	1	0.0352	14	0.1748	1
深圳	0.0923	6	0.1787	2	0.1373	2	0.0514	11	0.1242	2
珠海	0.1041	3	0.0624	4	0.0699	5	0.0783	6	0.0736	4
东莞	0.0079	13	0.0528	8	0.0815	3	0.0494	12	0.0615	8
江门	0.0946	5	0.0708	3	0.0696	6	0.0613	10	0.0709	5
惠州	0.0999	4	0.0620	5	0.0747	4	0.0797	5	0.0757	3
中山	0.0019	14	0.0270	13	0.0584	8	0.0367	13	0.0417	14
汕头	0.0803	8	0.0502	10	0.0376	11	0.0644	8	0.0500	11
揭阳	0.0088	12	0.0379	11	0.0336	13	0.0856	3	0.0421	13
潮州	0.0378	11	0.0588	6	0.0359	12	0.0631	9	0.0462	12
汕尾	0.1396	1	0.0155	14	0.0308	14	0.1524	1	0.0630	7
湛江	0.1062	2	0.0543	7	0.0607	7	0.0723	7	0.0664	6
茂名	0.0723	9	0.0407	10	0.0515	9	0.0888	2	0.0588	9
阳江	0.0912	7	0.0288	12	0.0399	10	0.0814	4	0.0512	10

广东沿海经济带 14 个滨海城市按照综合生态位得分值从高到低排序依次为:广州 > 深圳 > 惠州 > 珠海 > 江门 > 湛江 > 汕尾 > 东莞 > 茂名 > 阳江 > 汕头 > 潮州 > 揭阳 > 中山。生态位分布具有组间分层化特征,仅有深圳、广州两市远大于广东滨海旅游经济发展综合生态位的均值水平(0.0714),较之于均值水平分别增长 74%、145%,剩下 12 市中只有珠海、惠州略高于均值水平,其余城市皆低于综合生态位均值水平。而滨海旅游资源、滨海旅游市场、滨海旅游社会经

济、滨海旅游生态环境4大维度因子发展评价值差异性对于滨海旅游经济发展综合生态位水平具有强解释力。从14市滨海旅游经济发展的分维度生态位得分以及空间格局（见表8-1）对比可以发现：①广州、深圳、珠海、惠州、汕尾均有2个分维度生态位水平处于高等级。广州、深圳的滨海旅游市场、滨海社会经济两个分维度因子生态位得分处于绝对领先优势，其滨海旅游经济发展强大动力为滨海旅游市场和滨海社会经济，最大限制性发展因素为滨海生态环境。而珠海和惠州的滨海旅游资源维与滨海社会经济维都处于高等级生态位水平行列，是2个城市滨海旅游经济发展的优势性因素。汕尾市的滨海旅游资源与滨海旅游生态环境生态位得分（0.1396，0.1524）皆排名首位，具有滨海旅游经济高质量发展的优势资源环境条件。②湛江、茂名、江门均有3个维度生态位处于中等以上水平。湛江的滨海旅游资源维生态位（0.1062，排序2）以及茂名的滨海旅游生态维生态位（0.0888，排序2）具有强竞争力，为两个城市的滨海旅游经济发展提供了的优质生态环境。而江门的滨海生态环境维生态位（0.0613，排序10）水平表现较落后，极大地阻碍了江门市滨海旅游经济发展质量。③东莞、阳江、汕头均有2个维度生态位处于低水平。东莞的滨海资源维生态位（0.0079，排序13）以及滨海生态环境维生态位（0.0494，排序12）水平较低，对东莞市滨海旅游形象产生了较大的负面影响。阳江、汕头的滨海社会经济维生态位水平分别排位第10、第11，相对落后的滨海社会经济实力严重阻碍了两市滨海旅游经济发展效能的发挥。④潮州、揭阳、中山均有3个维度生态位处于低水平。潮州的滨海社会经济维生态位水平排位落后，而揭阳的滨海生态环境维、中山的滨海社会经济维虽然形成一定的相对优势地位，但是单一维度因子产生的系统正效应无法消解其他三个因子共同引发的负效应，最终导致滨海旅游经济系统陷入低效低质的状态。

二、滨海旅游竞合发展的协调度分析

滨海旅游经济的发展可视为一种区域系统的发展，滨海旅游经济的发展质量不仅关乎表征系统外部竞争力的生态位水平，也关乎系统内部各要素结构功能耦合协调性。以滨海旅游资源维、滨海旅游市场维、滨海社会经济维、滨海生态环境维等生态位测评得分值为基础数据，代入式（3－3）和式（3－4）测算出滨海旅游经济发展4大分维度因子的耦合度以及综合评价值，进而测度出2个维度因子间以及4维度因子间的综合协调度，同时结合各个城市生态位得分表现，最终得出广东沿海经济带滨海旅游经济发展综合协调度及关联滞后类型（见表8－2）。从表8－2可知，广东沿海经济带滨海旅游经济系统综合协调度呈现"总体低质、组间分异"的分布特征；14个滨海城市的滨海旅游经济系统的综合协调度值都低于0.5，总体处于系统功能与水平相对失调的状态；显著高于综合协调度均值水平（0.2438）的滨海城市共7个（广州、深圳、珠海、江门、惠州、湛江、茂名），占比50%；相对趋近综合协调度均值水平的滨海城市共3个（汕头、汕尾、阳江），占比21.43%；其余4个滨海城市远低于综合协调度均值水平。

表8－2　广东沿海经济带滨海旅游经济发展协调度及滞后类型

城市	耦合度 C	综合评价值 T	资源－市场协调度 D1	资源－经济协调度 D2	资源－生态协调度 D3	市场－经济协调度 D4	市场－生态协调度 D5	生态－经济协调度 D6	综合协调度 D	相对滞后因素类别 F
广州	0.7351	0.1443	0.3581	0.3430	0.2172	0.4883	0.3093	0.2962	0.3257	F1F4
深圳	0.9037	0.1149	0.3583	0.3355	0.2624	0.3958	0.3095	0.2898	0.3222	F4
珠海	0.9815	0.0787	0.2838	0.2920	0.3005	0.2570	0.2644	0.2720	0.2779	F4
东莞	0.7513	0.0479	0.1429	0.1592	0.1405	0.2561	0.2260	0.2519	0.1897	F1F4

续表 8 - 2

城市	耦合度 C	综合评价值 T	资源 - 市场协调度 D1	资源 - 经济协调度 D2	资源 - 生态协调度 D3	市场 - 经济协调度 D4	市场 - 生态协调度 D5	生态 - 经济协调度 D6	综合协调度 D	相对滞后因素类别 F
江门	0.9870	0.0741	0.2861	0.2849	0.2759	0.2650	0.2567	0.2556	0.2704	F4
惠州	0.9854	0.0791	0.2805	0.2939	0.2987	0.2608	0.2651	0.2778	0.2791	F2F4
中山	0.5860	0.0310	0.0844	0.1023	0.0911	0.1993	0.1775	0.2151	0.1348	F1F2F4
汕头	0.9618	0.0581	0.2520	0.2345	0.2681	0.2085	0.2385	0.2219	0.2365	F2F3
揭阳	0.7544	0.0415	0.1351	0.1310	0.1656	0.1889	0.2387	0.2315	0.1769	F1F2F3
潮州	0.9686	0.0489	0.2171	0.1919	0.2210	0.2143	0.2469	0.2182	0.2176	F1F3
汕尾	0.6679	0.0846	0.2159	0.2561	0.3819	0.1480	0.2206	0.2618	0.2377	F2F3
湛江	0.9666	0.0733	0.2755	0.2833	0.2960	0.2395	0.2503	0.2573	0.2663	F2F3
茂名	0.9564	0.0633	0.2329	0.2470	0.2831	0.2139	0.2452	0.2600	0.2461	F2F3
阳江	0.8958	0.0603	0.2264	0.2456	0.2936	0.1841	0.2201	0.2387	0.2325	F2F3

注：F1 为滨海旅游资源滞后型；F2 为滨海旅游市场滞后型；F3 为滨海社会经济滞后型；F4 为滨海生态环境滞后型。

滨海旅游经济系统综合协调性状况受系统整体发展水平以及内部要素间耦合强弱的影响。从表 8 - 2 中可以发现：①综合协调度高于均值水平的 7 个滨海城市二维因子协调度间差异性小，相对优势较为显著。广州的市场 - 经济（0.4883）、深圳的市场 - 经济（0.3958）以及市场 - 生态（0.3095）、珠海的资源 - 经济（0.2920）、江门的资源 - 市场（0.2861）、惠州的资源 - 生态（0.2987）、湛江的资源 - 生态（0.2960）等二维因子协调度值皆处于相对高位，提升了这些滨海城市的滨海旅游经济系统综合协调性。而广州、深圳、江门、珠海等滨海城市的共同相对限制性因素类别为滨海生态环境滞后型（F4），湛江与茂名的共同相对限制性因素类别为滨海旅游市场滞后型（F2）与滨海社会经济滞后型（F3），惠州的相对限制性因素类别为滨海旅游市场与生态滞后型（F2F4）。②相对趋近综合协调度均值水平的滨海城市（汕头、汕尾、阳江）的滨海旅游经济系统综合评价值较低，如阳江市的市场－经济协调度（0.1841）得分表现较差，主要限制因素类别为滨海旅游市场滞后型（F2）与滨海社会经济滞后型（F3），显著拉低了滨海旅游经济系统的综合协调度。③远低于协调度均值水平的滨海城市（潮州、中山、东莞、揭阳）滨海旅游经济系统综合发展评价值 T 也低于均值水平，同时汕尾的市场－经济（0.1480）、中山的资源－市场（0.0844）及资源－生态（0.0911）、揭阳的资源－市场（0.1351）等系统内部二维因子协调性水平表现较差，存在两种及以上的主要滞后因素类别，极大限制了滨海旅游经济整体系统质量。

三、滨海旅游竞合发展的"生态位－协调度"复合分析

根据广东沿海经济带滨海旅游经济生态位－协调度的空间格局状况，遵循弗雷德曼（Friedman）提出的"核心－边缘"理论以及路易（Lew）和麦克尔彻（Mckercher）所提出的旅游地功能分类方法，可以将 14 个滨海城市划分为"双高－中心型""中高－次中心型""双中－重要型""低中－一般型""双低－边缘型"5 大等级类型，具体而言为：①广州市、深圳市属于综合生态位与综合协调度值双高的城市，因其滨海旅游经济系统整体功能强且内部要素结构协调性佳，滨海旅游经济整体发展质量高，由此形成的周边区域旅游辐射效应显著，所以将此类城市命名为"双高－中心型"城市。②珠海市、惠州市、江门市、湛江市属于综合生态位水平处于中等级、综合协调度值处于高等级的滨海城市，因其滨海旅游经济系统整体功能以及系统内部要素结构协调性良好，滨海旅游经济发展质量较高，对周边城市旅游辐射影响较大，所以将此类城市命名为"中高－次中心型"城市。③茂名市、汕尾市属于综合生态位与综合协调度值都处于中等水平的滨海城市，因其滨海旅游经济系统整体功能及系统内部要素结构协调性较好，滨海旅游经济质量显示积极的发展态势，所以将此类城

市命名为"双中－重要型"城市。④阳江市、汕头市、潮州市、东莞市属于综合生态位或综合协调度值处于低位或中位的城市，因其滨海旅游经济系统整体功能及系统内部要素结构协调性一般，滨海旅游经济发展质量偏低，所以将此类城市命名为"低中－一般型"城市。⑤中山市、揭阳市属于综合生态位和综合协调度值相对处于低位的滨海城市，因其滨海旅游经济系统整体功能及系统内部要素结构协调性差，滨海旅游经济发展质量低，滨海旅游经济发展的依赖性高、独立性差，所以将此类城市命名为"双低－边缘型"城市。

从区域总体空间分布而言，滨海旅游经济"生态位－协调度"复合视角的系统质量总体排序为：经济带珠三角片区＞经济带西翼片区＞经济带东翼片区。广东沿海经济带珠三角片区"生态位－协调度"存在 4 种等级类型分布，"双高－中心型"城市 2 个，"中高－次中心型"城市 3 个，"低中－一般型"和"双低－边缘型"城市各 1 个，"双中"等级以上组合类型占比 35.71%。东莞与中山市在滨海旅游经济发展过程中受广州、深圳、珠海等中心城市的扩散效应和涓滴效应影响小，同时由于自身滨海旅游资源与生态条件较差，导致整体发展质量低。经济带西翼片区"中高－次中心型""双中－重要型""低中－一般型"城市各 1 个，不存在"双低－边缘型"城市，"双中"等级以上组合类型占比 14.29%；而东翼片区"双中－重要型"城市 1 个，"低中－一般型"城市 2 个，"双低－边缘型"城市 1 个，不存在"中心型""次中心型"城市，"双中"等级以上组合类型占比 7.14%。这说明了经济带东西两翼片区的滨海旅游经济整体发展水平不高，西翼片区整体而言发展质量相对略高于东翼片区，东西两翼片区尚未形成互惠互利的滨海旅游经济发展共生系统，滨海旅游经济发展的"低值锁定效应"显著、空间集聚与扩散效应发挥不足。

第九章
广东沿海经济带区域滨海旅游竞合发展的社会网络分析

第一节　研究数据来源

　　本章的研究对象为广东省沿海经济带，把广东省沿海经济带的各个地级市设定为网络节点。为了更加真实地反映出广东省沿海经济带城市间旅游经济网络结构的特点及动态演化，在综合比较近十年的广东省统计年鉴和各类统计数据的基础上，为了消除由新冠疫情导致的旅游业短期萧条的特殊状况对本次研究造成的影响，兼顾时效性与整体性，本章将选取2009—2019年这段时期进行相关研究。广东省沿海经济带14个地级市的旅游经济收入和旅游接待人次等统计数据主要来源于2009年、2014年和2019年的《广东省统计年鉴》以及地区国民经济与社会发展统计公报。在对数据进行相互比较与印证时，若出现数据不一致的情况，则以更高级别部门所公布的数据为准。在上述的数据中，城市的旅游经济收入分为国内旅游收入和入境旅游收入。广东省沿海经济带城市间的最短公路里程信息则由百度地图数据提供。

第二节　滨海旅游联系强度测算与联系量分析

一、旅游经济联系强度测算

首先，以上述收集到的广东沿海地区旅游经济数据为基础，将2009—2019 年广东省沿海经济带各城市的城市游客接待人次、城市旅游总收入、城市间公路距离等数据代入修正的引力公式中，经过测算得出 2009 年、2014 年、2019 年广东省沿海经济带 14 个城市间旅游经济联系强度水平，如表 9 - 1、表 9 - 2、表 9 - 3 所示。其中两个城市所对应的数值代表这两个城市间的旅游经济联系强度水平，其值越大，城市间的旅游经济联系强度水平越高。

表 9 - 1　2009 年城市间旅游经济联系强度水平

城市2	城市1													
	广州	深圳	珠海	汕头	惠州	汕尾	东莞	中山	江门	阳江	湛江	茂名	潮州	揭阳
广州	—	129.4	59.6	2.7	37.5	2.5	205.8	73.8	72.5	3.9	1.8	1.9	1.5	1.1
深圳	129.4	—	28.5	2.6	56.8	3.8	122.4	27.0	20.6	1.5	0.8	0.8	1.4	1.1
珠海	59.6	28.5	—	0.5	4.6	0.4	16.4	61.7	23.8	1.1	0.4	0.5	0.3	0.2
汕头	2.7	2.6	0.5	—	0.9	0.6	0.8	0.3	0.3	0.1	0.1	0.0	17.0	8.2
惠州	37.5	56.8	4.6	0.9	—	1.7	21.9	3.8	3.3	0.3	0.2	0.2	0.5	0.4
汕尾	2.5	3.8	0.4	0.6	1.7	—	1.0	0.3	0.3	0.0	0.0	0.0	0.3	0.2
东莞	205.8	122.4	16.4	0.8	21.9	1.0	—	18.3	12.5	0.7	0.4	0.4	0.5	0.3
中山	73.8	27.0	61.7	0.3	3.8	0.3	18.3	—	47.8	0.6	0.3	0.3	0.2	0.1
江门	72.5	20.6	23.8	0.3	3.3	0.3	12.5	47.8	—	1.2	0.4	0.5	0.2	0.1
阳江	3.9	1.5	1.1	0.1	0.3	0.0	0.7	0.6	1.2	—	0.4	0.7	0.0	0.0
湛江	1.8	0.8	0.4	0.1	0.2	0.0	0.4	0.3	0.4	0.4	—	2.2	0.0	0.0

续表 9 - 1

城市2	城市1													
	广州	深圳	珠海	汕头	惠州	汕尾	东莞	中山	江门	阳江	湛江	茂名	潮州	揭阳
茂名	1.9	0.8	0.5	0.0	0.2	0.0	0.4	0.3	0.5	0.7	2.2	—	0.0	0.0
潮州	1.5	1.4	0.3	17.0	0.5	0.3	0.5	0.2	0.2	0.0	0.0	0.0	—	10.3
揭阳	1.1	1.1	0.2	8.2	0.4	0.2	0.3	0.1	0.1	0.0	0.0	0.0	10.3	—

表 9 - 2　2014 年城市间旅游经济联系强度水平

城市2	城市1													
	广州	深圳	珠海	汕头	惠州	汕尾	东莞	中山	江门	阳江	湛江	茂名	潮州	揭阳
广州	—	448.1	170.0	10.9	141.3	14.4	664.9	240.4	298.6	26.5	11.5	8.1	6.9	11.1
深圳	448.1	—	82.8	10.8	217.8	22.4	402.6	89.5	86.4	10.3	5.5	3.7	6.5	10.8
珠海	170.0	82.8	—	1.7	14.6	2.1	44.5	168.6	82.2	6.5	2.4	1.7	1.1	1.7
汕头	10.9	10.8	1.7	—	4.2	3.9	3.2	1.3	1.7	0.5	0.4	0.3	93.0	99.8
惠州	141.3	217.8	14.6	4.2	—	11.1	78.3	13.8	15.0	2.3	1.4	0.9	2.7	4.7
汕尾	14.4	22.4	2.1	3.9	11.1	—	5.3	1.7	2.1	0.5	0.4	0.2	2.1	4.2
东莞	664.9	402.6	44.5	3.2	78.3	5.3	—	56.5	48.8	4.6	2.2	1.5	2.0	3.3
中山	240.4	89.5	168.6	1.3	13.8	1.7	56.5	—	188.5	4.2	1.6	1.2	0.8	1.3
江门	298.6	86.4	82.2	1.7	15.0	2.1	48.8	188.5	—	10.0	3.0	2.3	1.0	1.7
阳江	26.5	10.3	6.5	0.5	2.3	0.5	4.6	4.2	10.0	—	5.0	6.2	0.3	0.5
湛江	11.5	5.5	2.4	0.4	1.4	0.4	2.2	1.6	3.0	5.0	—	18.3	0.3	0.4
茂名	8.1	3.7	1.7	0.3	0.9	0.2	1.5	1.2	2.3	6.2	18.3	—	0.2	0.2
潮州	6.9	6.5	1.1	93.0	2.7	2.1	2.0	0.8	1.0	0.3	0.3	0.2	—	140.8
揭阳	11.1	10.8	1.7	99.8	4.7	4.2	3.3	1.3	1.7	0.5	0.4	0.2	140.8	—

表9-3 2019年城市间旅游经济联系强度水平

城市2	城市1													
	广州	深圳	珠海	汕头	惠州	汕尾	东莞	中山	江门	阳江	湛江	茂名	潮州	揭阳
广州	—	976.2	432.5	38.0	412.6	35.3	1410.9	557.5	962.0	81.6	40.6	40.4	35.6	37.0
深圳	976.2	—	204.5	36.4	617.3	53.5	829.2	201.4	270.1	30.6	19.0	17.7	32.4	35.0
珠海	432.5	204.5	—	6.8	48.4	6.0	107.1	443.2	300.3	22.6	9.7	9.8	6.3	6.4
汕头	38.0	36.4	6.8	—	19.1	14.9	10.6	4.5	8.5	2.4	2.4	1.9	745.8	515.3
惠州	412.6	617.3	48.4	19.1	—	35.4	216.1	41.7	62.7	9.2	6.3	5.7	18.2	20.4
汕尾	35.3	53.5	6.0	14.9	35.4	—	12.3	4.4	7.6	1.6	1.4	1.2	12.0	15.3
东莞	1410.9	829.2	107.1	10.6	216.1	12.3	—	123.9	148.8	13.3	7.4	7.2	9.9	10.5
中山	557.5	201.4	443.2	4.5	41.7	4.4	123.9	—	627.5	13.5	5.8	6.0	4.2	4.3
江门	962.0	270.1	300.3	8.5	62.7	7.6	148.8	627.5	—	44.1	15.2	16.6	7.8	8.0
阳江	81.6	30.6	22.6	2.4	9.2	1.6	13.3	13.5	44.1	—	24.2	42.3	2.2	2.2
湛江	40.6	19.0	9.7	2.4	6.3	1.4	7.4	5.8	15.2	24.2	—	142.9	2.2	2.1
茂名	40.4	17.7	9.8	1.9	5.7	1.2	7.2	6.0	16.6	42.3	142.9	—	1.8	1.7
潮州	35.6	32.4	6.3	745.8	18.2	12.0	9.9	4.2	7.8	2.2	2.2	1.8	—	1079.4
揭阳	37.0	35.0	6.4	515.3	20.4	15.3	10.5	4.3	8.0	2.2	2.1	1.7	1079.4	—

对表9-1至9-3进行综合分析可知，广州与东莞的旅游经济联系强度水平始终位居第一，广州、深圳和东莞之间的旅游经济联系强度常年位居前列。由此可见这三座城市之间的旅游经济联系十分紧密。其中广州与其他珠三角城市之间的旅游经济联系强度较高，这也体现了广州在广东沿海经济带旅游经济网络中的纽带地位。珠三角城市之间的旅游经济联系强度较高，反映出珠三角区域旅游联系紧密，旅游经济发达。潮州与揭阳之间的旅游经济联系强度水平在2019年位居第二，仅次于广州与东莞的旅游经济联系强度。综合分析发现潮州与揭阳之间的旅游经济联系强度过大是受两城市之间最短公路距离的影响。潮州与揭阳两市之间的最短公路距离只有29.7千米，远小于广州到东莞的距离66.9千米。紧密相连的距离导致潮州与揭阳之

间的旅游经济联系强度偏大。揭阳、汕尾、茂名等城市与其他城市间的旅游经济联系强度较低，与旅游资源相对较少、交通区位条件较差、距离经济发达的珠三角地区较远等均有关系。区域旅游经济的发展受到交通可达性的制约，非珠三角地区的城市距离经济发达地区较远，交通可达性较差，从而制约了区域旅游经济的发展。

二、旅游经济联系量分析

笔者通过广东省沿海经济带旅游经济联系强度数值测算出沿海经济带各个城市的旅游经济联系量及排名，如表9-4所示。

表9-4　广东省沿海经济带旅游经济联系量及排名

项目		2009年		2014年		2019年	
		旅游经济联系量	排名	旅游经济联系量	排名	旅游经济联系量	排名
城市	广州	593.91	1	2052.72	1	5060.30	1
	深圳	396.69	3	1397.12	2	3323.45	2
	珠海	198.07	5	580.24	6	1603.66	8
	汕头	34.10	8	231.75	10	1406.67	10
	惠州	132.28	7	508.01	7	1513.06	9
	汕尾	11.08	11	70.47	12	200.72	14
	东莞	401.31	2	1317.83	3	2907.15	3
	中山	234.57	4	769.32	4	2037.94	5
	江门	183.52	6	741.41	5	2479.05	4
	阳江	10.56	12	77.44	11	289.99	12
	湛江	7.01	14	52.38	13	279.18	13
	茂名	7.64	13	44.78	14	295.23	11
	潮州	32.16	9	257.59	9	1957.68	6
	揭阳	22.22	10	280.56	8	1737.76	7
中位数		83.19	—	394.28	—	1670.71	—
平均值		161.80	—	598.69	—	1792.27	—

续表 9 - 4

项目	2009 年		2014 年		2019 年	
	旅游经济联系量	排名	旅游经济联系量	排名	旅游经济联系量	排名
标准差	179.90	—	587.68	—	1320.51	—
总量	2265.13	—	8381.60	—	25091.84	—

对广东省沿海经济带旅游经济联系量进行综合动态演变分析可知，广东省沿海经济带旅游经济联系水平在该段时间内快速发展，2019 年的旅游经济联系量总量较 2009 年增长了约 11 倍。平均数数值与中位数数值差异较小。旅游经济联系量标准差数值表明，在 2009—2019 年期间，广东省沿海经济带各个城市间旅游经济联系水平差距快速扩大，旅游经济发展不平衡现象依旧明显。对广东省沿海经济带节点城市旅游经济联系量进行动态演变分析可知，广州的旅游经济联系量一直稳居榜首，从 2009 年的 593.91 提升至 2019 年的 5060.30，大约提升了 9 倍。广州市占广东省沿海经济带旅游经济联系总量的比例由 26% 左右逐渐下降至 20% 左右。在 2009—2019 年期间，旅游经济联系量前三名始终是广州、深圳、东莞，但三者的旅游经济联系量之和在广东省沿海经济带旅游经济联系总量中的占比由 2009 年的 60% 左右逐渐下降至 2019 年的 45% 左右。汕尾、阳江、湛江、茂名的旅游经济联系量之和在广东省沿海经济带旅游经济联系总量中的占比在 2009—2019 年期间始终不超过 5%，但是该值从 2009 年的 2% 稳定提升至 2019 年的 4%。这说明粤东、粤西城市旅游经济具有较大的发展潜力。

第三节　滨海旅游整体网络演化分析

一、整体网络结构演化分析

依照旅游经济联系强度水平的数据，笔者再进一步搭建适用于研究测算的旅游经济联系数值矩阵。为方便计算 2009—2019 年间广东省沿海经济带旅游经济联系的特征，并探讨在 2009—2019 年间旅游经济发展的空间特点及其演变，需将计算获得的数值矩阵进一步简化。设定一个合适的数值，超过该数值的那一部分矩阵将被赋值为"1"，其余的则被赋值为"0"，从而将数值矩阵转化为只包含"0"和"1"数值的二分数值矩阵。由于受到不同地级市旅游经济联系水平差距悬殊的现实情况影响，为了实现这 3 个二分矩阵数据的可对比性，避免 2009 年出现有的节点与其他节点之间没有任何连接，被孤立于网络外的情况，经过多次计算与试验，本章将数值断点赋值为2。最后得出 2009 年、2014 年、2019 年的二分数值矩阵，然后将其导入 UCINET 软件中，利用该软件的 NetDraw 功能导出有关广东省沿海经济带旅游经济联系空间结构的图像，通过该图像可以具体地观测到广东省沿海地区旅游经济网络发展的时间与空间变化。再依据广东省行政区划中地级市的真实地理位置调整 NetDraw 图像中节点的相对位置，由此构造出广东省沿海经济带旅游经济联系网络空间结构图（如图 9 – 1、图 9 – 2、图 9 – 3 所示）。

由图 9 – 1、图 9 – 2、图 9 – 3 可知，广东省沿海经济带旅游经济联系社会网络结构并不平衡，呈现出珠三角区域网络空间结构密集、非珠三角区域网络空间结构稀疏的特点，且珠三角区域始终是网络的核心，其中广州、深圳的旅游经济联系数量始终位于前列。由于粤西、粤东地区沿海城市过于远离珠三角，较之于珠三角地区网络空间结构密度相对稀疏。然而粤西的湛江、茂名等城市，以及粤东的揭阳、潮州、汕头等城市存在小范围的网络密集现象，这意味着城市的地理区位、交通通达度等要素会对城市间旅游活动的开展造成影响。在研究时间段内，各个城市之间的旅游经济联系强度都有显著的变化，城市之间的旅游经济联系水平快速增强，旅游经济联系密度迅速提升。2009—2014 年的网络结构变化较为显著，其中阳江、汕尾等外围城市与其他城市之间的旅游联系明显增强。在 2009 年，湛江和茂名相互连接，但是却与其他城市之间没有任何直接或间接的连接。在 2014、2019 年的网络结构中这两座城市才打破孤立的格局，与其他城市连接起来。

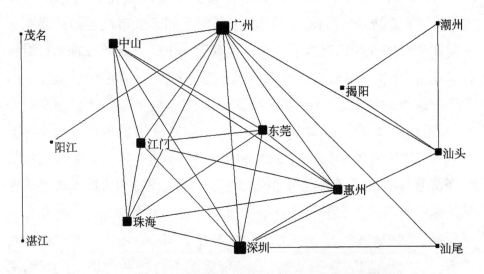

图 9 - 1　2009 年广东沿海经济带滨海旅游经济竞合网络结构

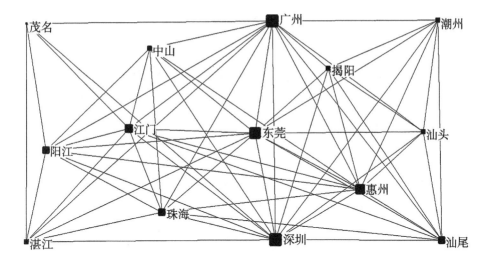

图9-2　2014年广东沿海经济带滨海旅游经济竞合网络结构

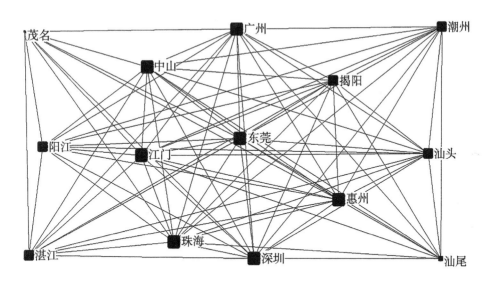

图9-3　2019年广东沿海经济带滨海旅游经济竞合网络结构

二、整体网络密度演化分析

笔者通过 UCINET 软件获得广东省沿海经济带滨海旅游发展的竞合网络密度数值。由表 9 – 5 可知，2009—2019 年广东省沿海经济带14 个城市旅游经济联系密度持续增长，在此期间，广东省沿海经济带旅游经济网络密度由 0.33 上升到 0.93。这说明广东沿海城市旅游经济在 2009—2019 年期间获得了迅速的发展，城市间的旅游联系能力显著提升。

表 9 – 5 广东沿海经济带滨海旅游发展的竞合网络密度

时间	2009 年	2014 年	2019 年
经济网络密度	0.33	0.69	0.93
存在的关系数	60	126	170

在由 14 个节点组成的广东沿海经济带旅游社会网络中，网络的联系数上限为 182 条。2009 年网络中的实际联系数总共为 60 条，经历了 5 年的发展之后，2014 年网络中的联系数为 126 条，较 2009 年增加了 66 条。由此可见广东省沿海经济带旅游经济发展迅速，各个城市之间旅游经济互动性增强，城市间旅游经济联系逐渐紧密。2019 年旅游网络关系总数为 170 条，较 2014 年增加了 44 条。由此可见广东省沿海经济带旅游经济发展速度有所放缓，旅游经济正在向着高质量发展转变。综上所述，在研究时间段内广东沿海经济带旅游经济网络密度始终维持快速提升的状态，广东沿海经济带旅游经济得到快速发展。

三、社会网络核心 – 边缘结构演化分析

1. 核心 – 边缘结构演化分析

通过 UCINET 中的 Core/Periphery 功能对网络矩阵进行核心 – 边

缘模型的测量,对节点进行核心－边缘划分。由表9－6可知,广东沿海经济带旅游经济网络核心－边缘特征明显。在广东沿海经济带旅游经济发展的过程中,随着城市间旅游经济联系的逐渐增强,边缘区的节点数量逐渐减少,同时城市间旅游经济联系水平也随之逐渐增强。由表9－6还可知,在2009年核心区和边缘区的城市数量差距不大,而2019年边缘区只有2座城市,这反映了城市间旅游经济联系程度在研究时间段内有所提升。在研究时间段内,得益于良好的经济基础、交通条件与地理区位条件,珠三角城市往往处于网络的核心区,在广东沿海经济带旅游经济网络中起到良好的纽带作用与带动作用。较为偏远的粤西、粤东地区城市,因区位条件较差、人口较少、交通不便等,而缺少与其他城市间的旅游经济联系,导致粤西与粤东地区位于网络结构的边缘区。

表9－6　广东沿海经济带旅游经济联系网络核心－边缘结构

时间	网络位置	
	核心区	边缘区
2009 年	广州、深圳、珠海、惠州、东莞、中山、江门	汕头、汕尾、阳江、湛江、茂名、潮州、揭阳
2014 年	广州、深圳、珠海、惠州、汕尾、东莞、江门、阳江	汕头、中山、湛江、茂名、潮州、揭阳
2019 年	广州、深圳、珠海、汕头、惠州、东莞、中山、江门、阳江、湛江、潮州、揭阳	汕尾、茂名

如表9－6所示,在2014年,中山处于旅游社会网络中的边缘区。结合图9－2可知,中山主要与珠三角地区城市之间产生旅游联系,缺少与非珠三角地区之间的旅游联系,这导致中山的旅游联系数量增长较慢。在2014年到2019年期间,边缘区仅有汕尾、茂名两座城市持续存在,说明这两座城市旅游经济发展存在短板,在区位条

件、旅游资源、交通条件等方面存在缺陷。

2．核心 - 边缘网络密度分析

由表 9 - 7 可知，在 2009—2019 年间，核心区网络联系密度值始终接近 1。在 2014 年，由于受到了新加入核心区的后发旅游城市的影响，核心区的旅游经济网络密度被拉低，不过在 2019 年核心区的网络密度又变为 1。边缘区网络密度值在 2009—2014 年处于上升趋势，从 0.190 上升到 0.267，但是在 2019 年却变为 0。这是因为区位条件不佳、人口比较稀少、交通运输条件一般、旅游经济发展起步较晚等因素，导致边缘区域的城市旅游经济网络密度值远不及旅游经济网络核心区。2019 年边缘区只有汕尾和茂名两座城市，这两座城市因距离过于遥远使得其间的旅游经济联系强度水平过低，从而导致 2019 年边缘区网络密度值为 0。核心区与边缘区之间的旅游经济网络联系密度值持续增长，由 2009 年的 0.102 持续增长到了 2019 年的 0.792。在 2009 年该数值低于边缘区网络密度值，之后则始终高于边缘区网络密度值。这反映出核心区与边缘区之间存在较多旅游经济联系，且核心区发挥着旅游经济带动作用。

表 9 - 7　广东沿海经济带旅游经济联系网络核心 - 边缘网络密度

分类	2009 年		2014 年		2019 年	
	核心城市	边缘城市	核心城市	边缘城市	核心城市	边缘城市
核心城市	1.000	0.102	0.964	0.667	1.000	0.792
边缘城市	0.102	0.190	0.667	0.267	0.792	0.000

3．核心 - 边缘分析小结

在 2009—2019 年期间，广东省沿海城市旅游经济发展迅速。然而广东省沿海经济带旅游经济在发展的过程中，珠三角区域与非珠三角地区旅游经济发展水平差异显著，使得该旅游经济网络中出现明显的核心 - 边缘结构，核心区与边缘区的网络密度差异程度大。在广东沿海经济带旅游经济发展的过程中，要注重协调发展，利用核心城市带动边缘城市，加强边缘城市之间的旅游经济联系水平，从而促进广东沿海经济带旅游经济协调发展。

四、凝聚子群演化分析

通过 UCINET 中的 Concor 功能对广东沿海经济带旅游经济联系强度数值进行聚类分析，对节点进行凝聚子群划分，从而得到沿海经济带各城市在 2009—2019 年期间的凝聚子群动态演化情况。（如图 9 - 4、图 9 - 5、图 9 - 6 所示）

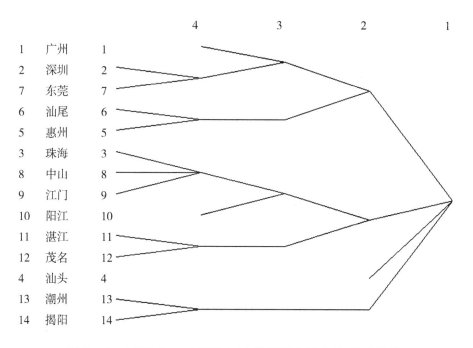

图 9 - 4　2009 年广东沿海经济带旅游经济凝聚子群结构

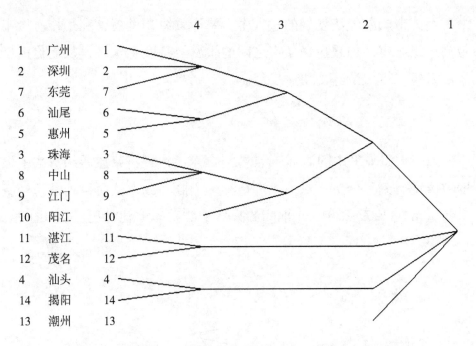

图9-5 2014年广东沿海经济带旅游经济凝聚子群结构

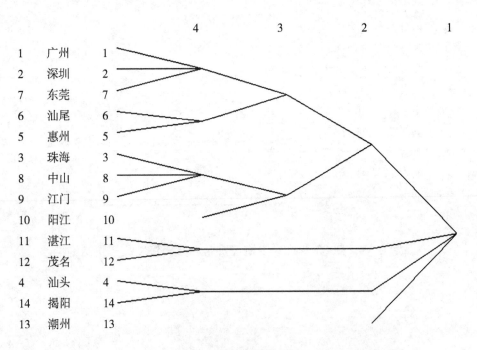

图9-6 2019年广东沿海经济带旅游经济凝聚子群结构

从图 9－4、图 9－5、图 9－6 可知，在 2009 年广东省沿海经济带城市群被划分为 8 个子群，包括第一子群（广州）、第二子群（深圳、东莞）、第三子群（汕尾、惠州）、第四子群（珠海、中山、江门）、第五子群（阳江）、第六子群（湛江、茂名）、第七子群（汕头）、第八子群（潮州、揭阳）。单独形成子群的有广州、阳江、汕头 3 个城市，广州由于旅游经济联系强度水平明显超越其他城市，与沿海经济带中的其他城市广泛连接，因此单独形成了一个子群；而阳江、汕头则是因为与其他城市缺少旅游联系，导致自身的旅游经济联系强度水平过低，无法与其他城市形成子群。第二子群、第四子群由珠三角城市组成；第三子群由珠三角城市惠州与非珠三角城市汕尾组成；第六子群、第八子群则由粤西、粤东城市组成。2014 年与 2019 年的凝聚子群个数比 2009 年少一个。从图 9－5 可知，2014 年的凝聚子群包括第一子群（广州、深圳、东莞）、第二子群（汕尾、惠州）、第三子群（珠海、中山、江门）、第四子群（阳江）、第五子群（湛江、茂名）、第六子群（汕头、揭阳）、第七子群（潮州）。单独形成子群的有阳江与潮州。第一子群、第三子群由珠三角城市组成；汕尾、惠州依旧处于同一个子群中；第五子群、第六子群则由粤西、粤东城市组成。在 2009 年潮州与揭阳处于同一子群，而汕头独立；在 2014 年汕头与揭阳处于同一子群，而潮州独立；这说明汕头的旅游经济联系强度数值提升速度高于潮州。阳江始终单独形成子群，说明阳江与其他城市之间的联系不太紧密，旅游经济联系水平有待提升。广州在 2009 年单独形成子群，而在 2014 年位于第一子群，说明深圳、东莞旅游经济联系强度提升快速，与广州之间旅游联系紧密。2019 年的凝聚子群数量与形态与 2014 年相比没有明显变化，说明广东沿海经济带旅游经济网络演化逐渐趋于稳定。从上述旅游经济凝聚子群演化的特征可知，广东省沿海经济带中的凝聚子群规模较小，往往只包含 2～3 个城市。形成凝聚子群的城市在旅游经济联系水平相近的基础上地理距离也比较接近，这表明地理距离接近、旅游经济联系水平相近的城市间更具备旅游经济合作的可能。

第四节　滨海旅游节点网络演化分析

一、节点中心性演化分析

网络中心性分析是社会网络分析的研究重点之一，笔者利用UCINET 软件计算 2009—2019 年的广东省沿海经济带旅游经济联系矩阵，从而导出各个城市的中心度数值，以便于衡量网络中各个个体城市在网络中的地位与角色。各项指标数值如表 9 - 8 所示。

表 9 - 8　广东省沿海经济带旅游经济节点网络中心度

项目		程度中心度			接近中心度			中介中心度	
	2009 年	2014 年	2019 年	2009 年	2014 年	2019 年	2009 年	2014 年	2019 年
城市	广州	69.23	100.00	100.00	31.71	100.00	100.00	27.56	9.36	0.87
	深圳	61.54	100.00	100.00	30.95	100.00	100.00	14.74	9.36	0.87
	珠海	46.15	69.23	100.00	28.26	76.47	100.00	0.00	1.11	0.87
	汕头	30.77	53.85	92.31	28.26	68.42	92.86	23.08	0.00	0.26
	惠州	46.15	84.62	100.00	28.26	86.67	100.00	0.00	3.89	0.87
	汕尾	15.39	69.23	76.92	26.00	76.47	81.25	0.00	1.54	0.00
	东莞	46.15	92.31	100.00	28.26	92.86	100.00	0.00	5.86	0.87
	中山	46.15	53.85	100.00	28.26	68.42	100.00	0.00	0.00	0.87
	江门	46.15	76.92	100.00	28.26	81.25	100.00	0.00	2.69	0.87
	阳江	7.69	69.23	92.31	25.49	76.47	92.86	0.00	1.58	0.43
	湛江	7.69	53.85	92.31	7.69	68.42	92.86	0.00	0.51	0.43
	茂名	7.69	38.46	69.23	7.69	61.91	76.47	0.00	0.00	0.00

续表9-8

项目		程度中心度			接近中心度			中介中心度		
		2009 年	2014 年	2019 年	2009 年	2014 年	2019 年	2009 年	2014 年	2019 年
城市	潮州	15.39	53.85	92.31	23.64	68.42	92.86	0.00	0.00	0.26
	揭阳	15.39	53.85	92.31	23.64	68.42	92.86	0.00	0.00	0.26
平均值		32.97	69.23	93.41	24.74	78.16	94.43	4.67	2.56	0.55
标准差		20.44	18.62	9.13	7.31	11.95	7.20	9.27	3.23	0.34

1. 程度中心度演化分析

通过比较表9-8中程度中心度数据可知，在2009—2019年期间，广东省沿海经济带的旅游重心始终位于珠三角区域。广东省沿海经济带旅游网络结构中各个城市的程度中心度在持续上升，程度中心度的平均值从2009年的32.97上升为2019年的93.41。这表明广东省沿海城市间的旅游经济联系水平正在不断加强，城市间的旅游联系不断提升。与此同时城市程度中心度标准差保持着下降的趋势。在2019年有7个城市的程度中心度数值达到100，由此可知标准差的减小主要得益于广东省旅游经济发展迅速，使得沿海城市的旅游经济联系强度水平快速超过数值断点2，从而在数值二分化时被赋值为1。因此标准差的减小并不意味着各个城市之间的旅游经济发展水平差距变小。观察2009—2014年的数据，可以发现不同城市之间程度中心度差距悬殊，因此在广东省沿海城市旅游经济联系水平不断增强的过程中，各个城市之间依然存在着较大的旅游经济联系能力差距。广州、深圳的程度中心度在2014年就已达到了100，这说明其属于广东省旅游经济的中心城市与城市旅游经济联系的关键枢纽。广州市是广东省的省会城市，而深圳则是最著名的改革开放城市。这两个城市拥有强大的旅游经济辐射能力，在广东省沿海经济带旅游经济网络中处于中心地位。反观汕尾、茂名，在2009—2019年的旅游经济发展历程中，程度中心度一直小于其他城市，并且处于旅游经济网络中的边缘地位。

2．接近中心度演化分析

由表9－8可知，2009—2019年网络中各个城市的接近中心度不断提升，接近中心度的平均值从2009年的24.74上升为2019年的94.43，上升幅度较大。这说明广东省沿海城市间的旅游交通逐渐便利，旅游经济联系捷径增加。而标准差则先由2009年的7.31上升至2014年的11.95，再下降到2019年的7.20。排除2019年大部分城市接近中心度数值都达到或接近100的特殊状况，通过观察2009—2014年标准差的数据变化可知，标准差数值逐年提升。这表明中心城市地位依旧稳固，边缘城市与中心城市之间的旅游经济联系效率存在较大差距。

从个体角度观察，在2009—2019年期间，大体上珠三角城市的接近中心度比平均值高，其中广州、深圳的接近中心度指标明显高于其他珠三角城市。这说明包括广州、深圳在内的珠三角城市经济实力强、人口众多、拥有完善的基础设施以及便捷的交通网络，从而导致珠三角城市旅游经济联系阻碍少，与其他城市旅游经济联系与交流更加紧密。2019年，汕尾与茂名的接近中心度数值明显低于其他城市。这是由于当地旅游需求不足并且没有足够的旅游吸引力，加上交通条件、区位条件等原因，导致当地旅游发展动力不足，与其他城市之间的互通性均不强，从而导致这两个城市与其他城市间的旅游经济距离增加。2009年湛江和茂名的接近中心度均为7.69，远低于网络中的其他城市。结合2009年的Network图像可得，这两个城市距离珠三角过于遥远，导致旅游经济距离过长，使得其脱离整体网络。而到2019年，湛江的接近中心度数值为92.86，高于茂名的76.47。由此可知虽然湛江距离珠三角更远，但是湛江拥有更为广大的旅游市场，与其他城市间旅游交流联系数量更多，使得湛江与其他城市间旅游经济距离比茂名更短。

3. 中介中心度演化分析

由表 9 - 8 可知，在 2009—2019 年期间，旅游经济社会网络中各个城市的中介中心度变化较为随机，不过城市中介中心度的平均值和标准差均处于持续下降的趋势，其中平均值从 4.67 下降到 0.55，而标准差则从 9.27 下降到了 0.34。这说明网络中核心城市对网络的旅游经济联系的控制程度逐渐减弱。

广州的中介中心度数值在这十年间一直处于首位。不过随着广东省沿海经济带旅游经济的发展，广州与其他城市之间中介中心度数值差距逐渐减小。广州市作为省会城市，虽然在程度中心度与接近中心度方面与深圳不分伯仲，但是在中介中心度方面 2009 年差距较大。说明广州市在整个广东省沿海经济带旅游经济网络上占据枢纽地位，具备对其他城市的高影响力、强控制力和低依赖性。不过随着广东省沿海经济带旅游经济发展，广州在旅游经济网络中的垄断地位逐渐被削弱，深圳在网络中的地位逐渐上升。惠州和东莞在 2009 年中介中心度处于很低的水平，不过到 2014 年得到了快速增长。这两座城市良好的经济水平与优良的旅游资源强化了其网络节点联系能力，使得其在广东省沿海经济带旅游经济发展过程中旅游经济网络地位逐渐提升，并且起到了有效的旅游经济联系纽带作用。反观茂名、潮州、揭阳，这三座城市在 2009—2019 年期间中介中心度维持在较低水平，在广东省沿海经济带旅游经济网络中处于较低的中介地位，由于这些城市区位条件较差，与其他城市之间产生信息、人才、资源等要素交换比较困难，因此这些城市处于旅游经济网络边缘的地位，独立性弱，在发展旅游经济时受到其他城市的旅游经济联系控制。

值得注意的是，2009 年汕头的中介中心度数值一度超越深圳。不过身为粤东地区的城市，汕头的旅游经济实力与深圳相差甚远，因此在之后的两个年份，汕头的中介中心度数值一直维持着很低的水平。结合 2009 年 Network 图像可知，揭阳、潮州的旅游经济联系几乎完全受到了汕头的控制，汕头成了这两座城市与其他城市之间旅游联系的中介，从而导致 2009 年汕头出现了很高的中介中心度数值。

排除 2019 年大部分城市中介中心度数值没有明显区别的特殊状况，2009 年，除去汕头外，广州、深圳的中介中心度之和达到了 42.3，远高于平均值 4.67；2014 年这两座城市的中介中心度之和为 18.72，而平均值为 2.56。由此可知，在研究时间段内网络中城市之间的旅游经济联系水平差异程度减小，广东沿海经济带旅游经济有所均匀化发展，但广州、深圳与其他城市之间的地位差距依然较大。广州、深圳在旅游经济网络中依然有着很强的控制能力。

二、节点结构洞演化分析

笔者利用 UCINET 软件进行广东省沿海经济带滨海旅游竞合发展节点网络结构洞分析，结果如表 9 −9 所示。

表 9 −9　广东省沿海经济带滨海旅游竞合发展节点网络结构洞

城市	有效规模			效率性			限制度		
	2009 年	2014 年	2019 年	2009 年	2014 年	2019 年	2009 年	2014 年	2019 年
广州	5.22	5.31	1.92	0.58	0.41	0.15	0.34	0.28	0.28
深圳	3.75	5.31	1.92	0.47	0.41	0.15	0.42	0.28	0.28
珠海	1.00	2.11	1.92	0.17	0.24	0.15	0.56	0.39	0.28
汕头	3.00	1.00	1.33	0.75	0.14	0.11	0.56	0.49	0.31
惠州	1.00	3.55	1.92	0.17	0.32	0.15	0.56	0.33	0.28
汕尾	1.00	2.33	1.00	0.50	0.26	0.10	1.13	0.39	0.36
东莞	1.00	4.33	1.92	0.17	0.36	0.15	0.56	0.30	0.28
中山	1.00	1.00	1.92	0.17	0.14	0.15	0.56	0.49	0.28
江门	1.00	3.00	1.92	0.17	0.30	0.15	0.56	0.36	0.28
阳江	—	2.33	1.50	—	0.26	0.13	—	0.39	0.31
湛江	—	1.57	1.50		0.22	0.13	—	0.49	0.31

续表 9 - 9

城市	有效规模			效率性			限制度		
	2009 年	2014 年	2019 年	2009 年	2014 年	2019 年	2009 年	2014 年	2019 年
茂名	—	1.00	1.00	—	0.20	0.11	—	0.65	0.40
潮州	1.00	1.00	1.33	0.50	0.14	0.11	1.13	0.49	0.31
揭阳	1.00	1.00	1.33	0.50	0.14	0.11	1.13	0.49	0.31

　　一般而言，有效规模与效率性代表了节点在网络中的行动自由程度水平与行动的效率水平，这两个数值越高，节点在网络中的优势与地位就越高；限制度则代表了节点所受到的行动限制水平，其值越高，节点在网络中的地位越低。通过对表 9 - 9 进行动态分析可知，在研究时间段内，广州、深圳的有效规模与效率性明显高于其他城市，而限制度水平则比其他城市更小。说明广州、深圳在广东省沿海经济带旅游经济社会网络中处于核心位置，占据较多的结构洞，对网络中其他城市之间的联系造成较大影响。由此可知，广州、深圳是广东省沿海经济带社会网络内的旅游枢纽城市。由于在 2009 年广东省沿海经济带旅游经济社会网络中，湛江、茂名与主体网络分离，而阳江只有跟广州的一个连接，导致这三个城市的 2009 年结构洞数值难以计算。不过经过分析可得，湛江、茂名、阳江地处边缘，在 2009 年网络中地位最低。汕头、湛江、茂名、潮州、揭阳等非珠三角城市在 2009—2019 年期间有效规模较小、效率性较低、限制度水平较高，这些城市远离珠三角核心区，在旅游社会网络中的优势与地位较低。中山作为珠三角城市，在网络中的结构洞水平与汕头、湛江等城市处于同一梯位，说明虽然中山的旅游经济比非珠三角地区发达，但是其在网络中的地位较低，与其他城市之间的旅游经济联系更容易受到周围广州、深圳等珠三角其他城市的影响。

第十章
广东沿海经济带西翼滨海旅游竞争生态位分析

第一节　研究数据来源

由于缺乏滨海旅游专门的官方统计数据，同时滨海城市旅游业的发展过程内生性地根植了滨海文化的基因，因此将滨海城市旅游业发展统计数据用于表征滨海旅游发展状况。"湛茂阳"区域滨海城市旅游相关统计数据主要来源于广东统计年鉴、各市统计年鉴、各市国民经济和社会发展统计公报等。旅游资源方面的数据主要通过查阅国家风景名胜区名录、森林公园名录、自然保护区名录、文化和旅游厅、国家文物局官网等获取。当指标数据出现不一致时，一般以高层次部门数据为准。由于收集的指标皆为正向性，但指标数据单位量纲不一致，为了确保研究结果的准确性和可比性，笔者利用均值化方法对统计数据进行无量纲化预处理，具体计算方法见式（4-1）。

第二节　指标体系构建

"多维超体积生态位"理念下的旅游生态位大小指的是由旅游地所拥有的优质旅游资源量、旅游市场地位、社会经济水平、生态环境质量等诸多因素共同作用决定其在区域旅游生态系统中的地位。笔者借鉴"多维超体积生态位"理念以及学术界关于旅游生态位测评指标体系典型研究成果，并结合"湛茂阳"区域滨海旅游地的特征，本着科学性、针对性、数据可获得性、可比较性和可操作性原则，构建了包括旅游资源维 3 项指标（C_1—C_3）、旅游市场维 8 项指标（C_4—C_{11}）、社会经济维 9 项指标（C_{12}—C_{20}）、生态环境维 5 项指标（C_{21}—C_{25}）的 4 大维度共 25 个指标的滨海旅游生态位测评指标体系（见表 10 – 1）。

表 10 – 1　滨海旅游生态位测评指标体系

系统层（A 层）	状态层（B 层）	指标层（C 层）	单位
滨海旅游生态位测评指标体系	B_1 旅游资源维	C_1 旅游资源知名度	分
		C_2 旅游资源品位度	分
		C_3 旅游资源丰裕度	个
	B_2 旅游市场维	C_4 旅游总收入	亿元
		C_5 旅游接待总人数	万人次
		C_6 国内旅游收入	亿元
		C_7 国际旅游收入	万美元
		C_8 国内旅游人数	万人次
		C_9 国际旅游人数	万人次
		C_{10} 星级酒店数量	个
		C_{11} 旅行社数量	个
	B_3 社会经济维	C_{12} 地区生产总值	亿元
		C_{13} 人均国内生产总值	元
		C_{14} 第三产业生产总值	亿元
		C_{15} 第三产业占 GDP 比重	%
		C_{16} 居民年末储蓄余额	亿元
		C_{17} 城镇居民人均可支配收入	元

续表 10 - 1

系统层（A 层）	状态层（B 层）	指标层（C 层）	单位
滨海旅游生态位测评指标体系	B_3 社会经济维	C_{18} 社会消费品零售总额	亿元
		C_{19} 邮电业务总量	亿元
		C_{20} 卫生机构数目	个
	B_4 生态环境维	C_{21} 人均公园绿地面积	平方米/人
		C_{22} 城市绿地面积（市辖区）	公顷
		C_{23} 生活垃圾无害化处理率	%
		C_{24} 城市污水处理率	%
		C_{25} 工业固体废物综合利用率	%

第三节　滨海旅游生态位宽度测算与分析

　　笔者以湛江、茂名、阳江三市 2017 年的数据为"态"的度量值，以 2012—2017 年三市指标数据每年平均增长值为"势"的度量值，量纲转换系数为"1"，利用旅游生态位宽度理论模型公式测算出三个滨海城市的分维度以及综合维滨海旅游生态位宽度值，并将生态位宽度得分值进行排序（见表 10 - 2）。

表 10 - 2　"湛茂阳"区域滨海旅游分维度及综合维生态位宽度值及排序

城市	旅游资源维		旅游市场维		社会经济维		生态环境维		综合维	
	分值	排序	分值	排序	分值	排序	分值	排序	分值	排序
湛江	0.132	1	0.201	1	0.208	1	0.138	2	0.170	1
茂名	0.104	2	0.083	2	0.207	2	0.141	1	0.134	2
阳江	0.080	3	0.010	3	0.122	3	0.121	3	0.106	3

　　"湛茂阳"区域滨海旅游综合竞争力的生态位宽度水平呈现"低

且均质"的显著特征。三市区域滨海旅游综合维生态位宽度值都远小于1，生态位宽度水平排序依次为湛江（0.170）、茂名（0.134）、阳江（0.106），表明三市区域滨海旅游综合竞争力水平低，差距小，区域影响力较弱。同时，粤西三市滨海旅游综合维生态位的平均值为0.137，高于均值水平的滨海城市为湛江市，低于均值水平的滨海城市为茂名市与阳江市。从表10-2可知，湛江是唯一存在三个维度生态位值皆位居首位的滨海城市，旅游资源维生态位值（0.132）分别比茂名、阳江高出2.8、5.2个百分点，旅游市场维生态位值（0.201）分别比茂名、阳江高出11.8、19.1个百分点，社会经济维生态位值（0.208）分别比茂名、阳江高出0.1、8.6个百分点。不难发现：①相对于茂名市与阳江市而言，综合生态位宽度值位居首位的湛江市只是在旅游市场维上的表现相对突出，这与湛江市近年采取多种营销策略加大旅游市场的营销力度、深度开发滨海以及生态旅游资源、改善旅游交通设施等内外在环境因素息息相关。②茂名市旅游市场维生态位值排名第2位（0.083），而生态环境维（0.141）、旅游资源维（0.104）生态位值分别排名第1、2位，这无疑表明茂名市优质的滨海旅游资源与环境条件提升了旅游市场的吸引力与竞争力。③阳江市是唯一存在三个维度生态位值皆排名末位的滨海城市，旅游资源维（0.080）、社会经济维（0.122）、生态环境维（0.121）的生态位表现皆落后于湛江市与茂名市。阳江市社会经济发展水平低，相对限制了旅游资源的深度开发以及旅游生态环境的优化，导致旅游产业综合竞争力相对较低。

第四节　滨海旅游生态位扩充度测算与分析

城市在区域旅游竞争中为了巩固或提升其在区域旅游系统中的地

位与作用，会不断拓展自身生态位空间以增强其自身适应性与竞争力，扩充度的大小及变化可以反映区域城市旅游产业的发展前景。利用旅游生态位扩充度理论模型［式（3－3）］测算三个滨海城市分维度以及综合维滨海旅游生态位扩充度值，并将生态位扩充度得分进行排序（见表10－3）。从表10－3中可以发现：①"湛茂阳"区域滨海旅游生态位扩充度值排序依次为茂名、湛江、阳江，三市旅游综合维生态位扩充度值差距小。②湛江市滨海旅游综合生态位扩充度值为－0.008，几乎趋近于0，同时旅游市场维生态位扩充度值与生态环境维生态位扩充度值排序都为第一，说明湛江市滨海旅游综合生态位处于"平稳态势"，旅游产业的综合竞争力与影响力持续稳定发展。③茂名市滨海旅游综合维生态位扩充度值为0.020，略大于0，说明茂名市旅游生态位处于一定程度的"补充态势"。茂名市旅游资源维生态位值（0.097）与社会经济维生态位值（0.010）排序皆为首位，这得益于其全域旅游的发展以及社会经济实力的逐步增强等一定程度促进了滨海旅游产业竞争力与影响力的提升。④阳江市滨海旅游综合生态位扩充度值为－0.037，略小于0，说明该市旅游综合生态位一定程度上处于"缩减态势"。阳江市围绕"海陵岛"形成的单一旅游资源开发模式导致该市旅游综合竞争力与影响力提升的动力存在一定的不足。

表10－3　"湛茂阳"区域滨海旅游分维度及综合维生态位扩充度值及排序

城市	旅游资源维		旅游市场维		社会经济维		生态环境维		综合维	
	分值	排序	分值	排序	分值	排序	分值	排序	分值	排序
湛江	－0.016	2	－0.008	1	－0.009	3	0.001	1	－0.008	2
茂名	0.097	1	－0.009	2	0.010	1	－0.020	2	0.020	1
阳江	－0.115	3	－0.018	3	0.002	2	－0.020	2	－0.037	3

第五节　滨海旅游生态位重叠度测算与分析

利用旅游生态位重叠度模型公式可测算出 2012—2017 年"湛茂阳"滨海城市旅游生态位重叠度值（见表 10-4）。由表 10-4 可以得出：①2012—2017 年区域滨海旅游生态位重叠度的值域范围为 [0.945，0.979]，旅游生态位重叠度均值为 0.965，表明粤西三市滨海旅游生态位处于"大部分重叠"状态，旅游产业整体呈现激烈的竞争状态，各城市为了抢占滨海旅游市场的制高点竞相争夺旅游产业发展的要素资源。②2012—2017 年"湛茂阳"区域滨海旅游生态位重叠度值的综合排序为：首位为城市组湛江-阳江，其次为城市组茂名-阳江，最后为城市组湛江-茂名。③湛江-阳江、茂名-阳江是滨海旅游生态位高于均值的两个城市组。湛江、茂名、阳江同处于粤西地区，由于区域城市文化基因趋同，旅游发展的主导资源类似，区域城市间陷入同质化旅游竞争状态。阳江是广东沿海经济带西翼滨海旅游知名度相对较高的滨海城市。茂名、湛江处于阳江海陵岛旅游形象的遮蔽区，受到资源知名度与美誉度、客观实际距离、交通通达性等多种因素影响，阳江一般会成为珠三角客源市场出游决策的首选。虽然湛江、茂名近年加大了旅游营销宣传力度以及滨海旅游产品的开发深度，滨海旅游地形象与知名度逐渐得到了一定的提升，但城市间"诸侯割据，单打独斗"的混沌式旅游发展模式与状态仍然使得"湛茂阳"区域无法形成和谐有序的共生型旅游发展界面。

表 10 - 4 "湛茂阳"区域滨海旅游生态位重叠矩阵

城市 2	城市 1		
	湛江	茂名	阳江
湛江	1.000	0.945	0.979
茂名	0.945	1.000	0.970
阳江	0.979	0.970	1.000

第十一章
区域滨海旅游竞合高质量发展策略与建议

第一节　北部湾城市群滨海旅游竞合高质量发展策略与建议

一、区域滨海旅游生态位策略与建议

为了促进北部湾城市群区域滨海城市旅游产业高质量发展，建立协同一体化的旅游产业竞合生态系统，笔者以旅游生态位理论为基础，提出如下北部湾城市群滨海城市旅游生态位整体优化、扩充、分离的政策建议。

（1）以生态位的整体优化促进区域旅游产业协同协作可持续发展。旅游生态位的优化需要通过对产业发展环境的改善与适应以提升产业自身的竞争能力。通过优化北部湾城市群滨海城市旅游产业发展生态位的内外部环境，加强湛江、海口、北海等核心城市的辐射影响，促进该区域滨海城市旅游产业协同协作高质量发展，以此提升北部湾城市群旅游产业发展的综合竞争力与影响力。旅游基础设施方面，需要大力加强区域旅游交通基础设施建设，构建环湾区海－陆－空全域旅游便捷交通体系，如建设防城港—钦州—湛江—阳江沿海高铁、湛江—海口跨海通道、阳江—茂名—湛江—海口滨海旅游公路等，增加区域城市的旅游交通航线，开通湛江—海口—北海邮轮游艇旅游航线等。通过全域旅游快捷交通体系的建立，帮助茂名、钦州、防城港、湛江等城市突破交通基础设施相对薄弱的发展瓶颈，推动区域旅游交通设施互联互通。旅游市场方面，各地地方政府可以共同组建"南中国北部湾城市群滨海旅游营销联盟"，加强湛江－海口、钦州－防城港等区域滨海城市间旅游市场合作力度与深度，制定旅游市场全面合作框架与联合执法规范，统一旅游服务标准，规范开拓与发展目标旅游市场，共享客源旅游经济利益，以此推动北部湾城市群滨海城市旅游市场一体化进程以及"南中国大美滨海旅游湾区品牌"的培育。

（2）以生态位的扩充有效提升区域旅游产业适应性与竞争力。旅游生态位扩充是指随着区域旅游产业竞争力提升而发生的旅游产业竞争生态位的增加。针对旅游生态位处于压缩状态的防城港、茂名、海口等城市，可以实施生态位强化扩充策略，具体包括潜在生态位的拓展与新生态位的引入。潜在生态位是指旅游地在某一个特定时刻不能完全占据的生态位。其中，茂名市在旅游开发过程中存在单一资源过度依赖的情况，需要大力挖掘潜在生态位空间，具体而言：茂名市在旅游发展过程中过度依赖水东湾滨海旅游资源的开发，旅游基础与服务设施较差，因此可以大力发掘石油工业文化、冼太夫人文化、宗教养生祈福文化等资源特性及其比较优势，打造全域特色文化旅游区，同时需构建便捷多元的旅游交通集散体系与接驳系统。而对于防城港市与海口市而言，需要重新引入新的生态位，通过新旅游产品的开发、新旅游设施的建设、新开发管理模式的引进等措施扩大自身产业竞争生态位空间，具体而言：防城港市应该充分利用优质的海洋文化、边境风情、森林生态等地域特色资源，深度开发一批特色、精品旅游线路及产品，全方位打造海－陆－空三维立体的高效便捷旅游交通体系；海口市在滨海旅游资源开发中应该注重海洋生态环境影响的动态监测与管理，尽可能减小海洋旅游开发对海洋生态环境的冲击与破坏。

（3）以生态位的分离构建差异有序的区域旅游竞合生态系统。北部湾城市群滨海城市间旅游生态位重叠现象普遍且严重，城市间存在高度旅游竞争，因此可借鉴生态位理论的时空错位和营养错位理念对该区域旅游产业竞争的生态位进行有效分离。时空错位包括时间维错位与空间维错位，时间维错位是指对旅游开发时间、旅游产品面市时间等进行时间梯度化的开发，空间维错位包括旅游地空间选址的差异化选择、旅游市场空间的差异化区隔定位。对于北部湾城市群旅游生态位综合重叠度较高的湛江、海口、北海、钦州、防城港等滨海城市，适宜采取时空错位的旅游开发策略，例如为客源市场提供一年四季、一日昼夜不同时间段的不同城市特色旅游景区及产品，从时间维度上减弱旅游竞争程度。同时各个滨海城市应该根据自身资源特色，深度开发特色化的拳头型旅游项目，重新发掘旅游细分市场，进行差异化的市场定位与联合营销。对于两个时间段旅游综合生态位重叠度呈现"高－高"特征的城市组湛江－海口、钦州－防城港、茂名－阳江等适合采取"营养错位"的生态位策略，根据客源市场多元品质化需求适配高质量的专业服务、高效便捷的交通设施体系、人本导向的管理理念、智慧化的旅游信息技术等，形成旅游产品开发的独特竞争力，最终实现城市旅游产业竞争生态位的错位分离。湛江市、海口市、北海市、阳江市是同处海湾的滨海城市，虽然海洋资源具有共轭性，但城市文化基因存在差异，四座滨海城市应该立足于自身的地域特色文化，塑造自身海洋旅游产品的地域个性，最终形成扬长避短的滨海城市差异化旅游发展格局。例如，①对于广东湛江而言，可以深入发掘雷州文化、广州湾文化、军港文化、滨海红色文化、宝钢工业资源、"菠萝的海"农业资源等地域优势文化与资源，以"旅游＋"及"＋旅游"的方式方法打造产旅融合特征鲜明的海洋军事旅游、海洋农业旅游、海洋工业旅游以及滨海红色旅游等业态与产品，以此减轻与周边城市如阳江、海口、北海等因资源、区位、市场雷同而产生的滨海城市旅游竞争压力。②对于广西钦州、防城港、北海而言，钦州市可以立足于自身具有特色的自然生态与古村文化生态资源，发挥资源组合性价值高的优势，着力开发"山—林—海—村"多彩特色海洋文化旅游景观及线路，配以优质的全域旅游公共服务与设施体系，从而形成与防城港、阳江等旅游地不同的产品竞争力。而与其毗邻的防城港市可以加大京族文化、边境文化等特色文化资源的挖掘与开发，打造浓郁的民族与边境风情文旅业态及产品，满足海洋及边境文化研学、探奇、体验等多元市场需求，与钦州、湛江、海口等旅游地形成差异化的细分市场定位。旅游资源知名度较高的北海市旅游竞争也较为激烈，为了与湛江、阳江、茂名等城市在海岛、沙滩、海丝文化旅游的竞争形成区隔，可以通过融入新技术、新服务、新管理理念等打造本土化主题公园、特色风情小镇、邮轮游艇等特色旅游项目及产品，形成旅游市场、旅游服务以及管理理念等维度的营养错位。③对于海南海口而言，需加强滨海旅游项目环境影响的动态监测与管理，实现生态环境与旅游经济协调发展，同时创新性地开发红树林生态旅游、海洋体育康养、邮轮游艇等业态产品，实现与区域其他滨海城市旅游产业生态位的特色化分离。

二、区域滨海旅游协同发展的共生模式与机制

（一）一体化组织模式

一体化组织模式是指在构成北部湾城市群旅游产业发展核心要素方面实现一体化的组织结构。这些要素在单个旅游地内部可能呈现出规模小、片面、效益差或不可控的特征，但通过区域内多个旅游地之间的相互叠加、相互协调及有机整合，就可以实现"1+1＞2"的效应，进而促进区域旅游产业整体竞争力有效提升。北部湾城市群区域

旅游共生过程中需要实现一体化组织的核心要素主要包括旅游交通、旅游资源、品牌营销、产品打造、市场秩序和环境保护。

1. 旅游交通一体化

旅游交通是北部湾区域内旅游产业要素流动的核心通道，高网络化和高速度是当前区域旅游交通一体化的基本要求。广西和海南可以启动滨海旅游景观公路的建设，通过与广东正在规划建设的滨海旅游景观公路线实现无缝对接，打造成区域旅游交通一体化的典范。湛江作为滨海城市交通的枢纽，可以加快广湛、张海、合湛、湛海高铁建设，尽快实现粤桂、粤琼高铁对接，实现区域高铁网络一体化。粤西机场的迁建工作正在全力推进，该片区机场布局不合理的局面有望尽快得到改善。海南儋州机场的建设需要加快推进，以尽快实现"一小时航空服务圈"覆盖北部湾全区域。在琼州跨海大桥或隧道短期内无法建成的情况下，北部湾应大力发展海上交通，重点围绕海口、湛江、阳江、北海、防城港、儋州等区域内重点港口和旅游节点城市之间开通更多海上航线及邮轮线路，加快形成北部湾海上交通网。

2. 资源开发一体化

北部湾区域旅游资源需要在各旅游地充分合作沟通的基础上进行一体化整合开发，形成优势互补、分工合理、特色鲜明的区域旅游资源错位开发格局。一是贯彻落实全域旅游的开发理念，将北部湾城市群作为一个完整的全域旅游区，邀请高水平规划团队编制《北部湾城市群全域旅游开发规划》，以差异化和专业化分工协作开发相结合的理念，对区域旅游资源实施整体开发布局。二是建立区域旅游开发沟通协调机制，确保各地在旅游资源规划过程中进行充分沟通，有效避免同质化旅游项目的开发建设。三是依托区域内大型旅游开发企业（例如上市公司北部湾旅游），整合各地市的旅游资源开发主体，组建面向北部湾的大型旅游开发集团，负责对区域内旅游资源进行统一规划开发。

3. 品牌推广一体化

北部湾城市群许多同类型的优质旅游资源均广泛分布于多个市县，必须实施一体化的区域旅游品牌联合打造策略，才可能打造出具有高知名度和影响力的国际性旅游品牌。首先，北部湾城市群应委托专业机构对区域旅游品牌体系及相应的视觉形象、宣传口号进行设计，设计出由一个主品牌和若干个子品牌共同构成的区域旅游品牌体系，其中主品牌可重点凸显北部湾热带滨海旅游特色，子品牌则可围绕海上丝绸之路、火山、热带生态农业、区域特色文化等区域内特色鲜明、数量较多、品级较高的优质旅游资源进行设计。其次，既要围绕旅游品牌体系设计，又要整合各市县旅游景区，打造一批能够凸显品牌特色的拳头旅游项目和优质经典旅游线路，确保有数量充足的优质旅游产品为品牌推广提供有力支撑。最后，北部湾城市群还要对旅游品牌体系和相应的旅游产品进行联合营销，包括：建设北部湾旅游网，开发北部湾旅游手机 App，联合制作旅游宣传片并在主流媒体投放，组团参加各类旅游博览会或交易会，围绕旅游品牌举办摄影大赛等专题旅游宣传活动，并定期组团赴主要客源地开展旅游招商宣传。

4. 市场规范一体化

建立统一规范的旅游市场是区域旅游产业一体化建设的重要内容。一方面，北部湾城市群内各省市要打破现有的行政和市场准入壁垒，允许和鼓励区内旅游企业及旅游从业人员（例如导游）在区域内自由跨省或跨市开展旅游经营服务活动，给予其本地企业及员工的同等待遇，通过公平竞争，激活区域旅游企业的经营活力。另一方面，在吸引区外旅游投资和客源方面，区内各城市也要在国家政策允许范围内建立相对统一平衡的优惠政策与措施，避免恶性竞争导致的重复建设与低效率。同时，为避免"一损俱损"现象的出现，区内各城市需共同做好旅游市场的监管和旅游消费者权益的维护工作，建立起交流学习、经验共享机制，共同打造统一规范的旅游消费市场。

5. 产品打造一体化

北部湾城市群内各城市的自然环境和许多旅游资源具有较大的相似性，为避免旅游产品打造时出现重复建设、恶性竞争的局面，各城市需加强沟通与合作，构建一体化的旅游产品打造格局。一是错位开发旅游景区景点产品。一方面要深入挖掘具有本地特色的旅游资源类型，开发本地独有的特色旅游景区景点，例如防城港的京族文化旅游产品、茂名的采矿工业旅游产品、钦州的坭兴陶旅游产品等；另一方面，在共有的旅游资源类型方面，各城市之间也应依据自身特色，进行错位开发。二是联合开发旅游线路产品。基于优势互补的原则，对区域旅游线路产品进行系统开发规划，推出更多适合不同层次、不同类型旅游者需求的跨省或跨市的特色旅游线路。三是合作开发跨界旅游景区。例如广东和广西交界处的红树林保护区是目前我国红树林集中分布面积最大的区域，旅游开发价值巨大，如能联合集中连片开发，该区域有望打造成为中国最大的红树林旅游景区，成为北部湾区域拳头旅游产品。

6. 环境保护一体化

优越的生态环境是区域旅游开发的重要保障条件，但海域的开放性和海水的流动性决定了任何一个城市的海洋点状污染都可能演化为整个区域的面状污染，从而威胁到整个区域的滨海旅游产业发展。因此，北部湾各城市需要在海洋环境保护方面加强沟通与合作，共建一体化的海洋环境保护体系。一方面，北部湾城市群要建立海洋环境污染共管机制，当地政府除了要对区域的重点海洋环境污染企业行使日常的法定监管权之外，还要组织联合环保督查组定期对这些企业进行环保检查及督查。另一方面，区域内还应在国家生态补偿制度框架下尽快建立起海洋生态补偿制度，要求区域内的海洋环境污染企业及当地政府从污染收益中拿出部分资金补偿给其他沿海城市的滨海旅游产业开发。

（二）对称互惠行为模式

对称互惠的行为模式是指北部湾各旅游地在制定并实施促进当地旅游产业发展的具体行为措施时做到既利己又利人，最终实现"我为人人、人人为我"的区域产业发展多赢结局。从区域旅游产业发展的现实特征来看，区域内旅游地之间可以有效实现对称互惠的行为主要集中在四个方面。

1．客源互送

北部湾城市群各级政府可以共同签署客源互送战略合作协议，联合开展"湾区人游湾区"大型旅游促销及旅行社客源互送活动，通过联合推出几条湾区精品旅游线路，出台相关优惠措施，发放针对湾区居民的旅游消费券等措施，鼓励各地旅行社互送客源。同时，还可以通过建立旅游集散中心联网售票、异地乘车、收益分成的联动模式实现散客互送。最终建立起"政府推动、企业经营、市场运作、游客自主选择"的北部湾城市群客源互送模式。

2．信息互推

北部湾城市群可以通过建立旅游宣传渠道共享机制来互相推介旅游信息。可以共享的宣传渠道既包括各城市内部设立的旅游集散中心、景区游客服务中心、高星级酒店等，也包括各个城市到国内外其他地区开展的各类旅游推介活动。同时，北部湾各城市电视台等媒体还可以联合制作旅游宣传类视频节目在各市电视台播放，共同推送区域旅游信息。

3．门票互惠

北部湾区域内各城市联合推出景区门票互惠政策，区域内所有景区针对北部湾城市群居民推出常态化优惠门票，或联合推出北部湾旅游景区门票一卡通（居民年票），为北部湾城市群内部居民游玩区内旅游景区提供特别优惠。同时，各旅游景区也可针对区域内旅行社制定相对统一的优惠价格方案，鼓励旅行社跨省市输送客源。

4. 经验互通

北部湾城市群内各地在长期的旅游发展过程中在资源开发、行业管理、市场营销等方面均积累了不少成功经验，可为区内其他地区旅游产业发展提供有益借鉴。北部湾城市群可以通过定期举办行业发展年会、区域旅游产业发展论坛和组织行业观摩交流活动等方式，加强各城市之间的相互交流，互通经验，达到相互学习、共同提升旅游产业发展水平的目的。

（三）共生机制

北部湾城市群旅游共生模式的持续稳定运行需要多种共生机制的协同保障。基于北部湾城市群旅游产业协同发展机制的建设现状，借鉴国内外其他城市群区域旅游协同发展机制建设经验，北部湾城市群需要重点建设以下四个方面的旅游共生机制。

1. 政府对话机制

北部湾城市群首先要在省级政府层面建立政府对话机制，三省区可以考虑抓住国家层面正大力推进海南自由贸易区和自由贸易港建设的契机，适时提出"粤桂琼自由贸易协作区"或"粤桂琼泛自由贸易区"的概念，在省级政府层面成立协作区或泛自由贸易区建设委员会和建立联席会议制度，并将区域旅游合作作为重要建设内容纳入其中。市级政府层面则可以充分发挥现有的北部湾城市合作组织和"北部湾（中国）旅游推广联盟"等政府间对话平台的作用，加强政府互动，协商出台促进区域旅游协同发展政策。

2. 行业互动机制

充分发挥旅游行业企业在区域旅游协同发展中的主体作用，成立北部湾城市群旅游行业协会，以指导区域旅游行业、企业交流合作，维护区内旅游市场的公平竞争秩序，营造诚信的旅游市场环境，保障企业及游客的合法权益。同时在行业协会组织下，进一步成立北部湾城市群旅游企业战略联盟，组织各省市的各类旅游企业开展经常性的交流、考察、项目合作、联合促销等活动，促进区域旅游企业互动交流与合作。

3. 利益协调机制

建议由区域内各城市按照人口比例和地域空间等要素，从旅游收入中按比例提留成立北部湾城市群旅游产业发展基金，用于对在区域旅游合作过程中让渡自己权利、资源和利益的政府及企业进行经济补偿。同时，基于国家生态补偿政策及制度建立起来的北部湾城市群生态补偿机制也将是北部湾城市群旅游协同发展的重要利益协调机制之一。

4. 监控反馈机制

政府层面和行业层面都需要建立监控反馈机制，对区域旅游合作过程中的政策、项目和计划实施进行持续跟踪，收集实施过程信息，评估实施效果和质量，分析存在的问题并找出成因，制定纠偏措施，确保各项合作政策、措施、项目和计划的顺利高效实施。

第二节　广东沿海经济带滨海旅游竞合高质量发展策略与建议

一、时空生态位视角的策略建议

广东沿海经济带作为近年广东省提出的一种线性带状的发展战略经济区，沿线滨海 14 市滨海旅游的高质量发展不仅需要从独立性视角反思自身发展的限制性因素，同时还需从全域范围出发审视区域滨海城市的滨海旅游时空关联作用关系。为此，笔者结合相关研究的分析结果针对性地提出如下未来发展策略建议，以期为广东省乃至中国沿海经济带滨海旅游的可持续发展提供新思路。

1. 统筹滨海旅游规划，实现滨海全域联动有序发展

树立滨海旅游发展的全局共同体意识，打破区域滨海旅游发展的行政藩篱，促进资源要素的高效流动与整合，实现区域滨海旅游全域联动式发展。未来省级层面可以统一制定广东滨海旅游产业专项发展规划，建立府际协同的滨海旅游发展组织制度、品牌形象、公共设施与服务、旅游信息、生态环境、旅游线路等方面互联互通、共治共享的体制机制，对不同区域滨海城市滨海旅游发展进行区隔化科学定位，破除沿海14市滨海旅游"单打独斗、各自为政、同质竞争"式发展的弊端，重塑滨海旅游发展新格局、新秩序。

2. 突破限制发展短板，促进系统要素良性耦合协调

（1）就全局而言，广东滨海旅游发展需要进一步创新旅游发展业态，提升滨海旅游产品质量。广东省沿海经济带沿线14个滨海城市需立足自身资源产业基础与特色，进一步深入发掘广府文化、潮汕文化、雷州文化、海上丝绸之路文化、海洋文化等区域特色文化的旅游功能，促进沿海经济带各市海洋文化和旅游的深度融合发展，创新性开发出具有休闲度假、康养体验、自然教育、生态研学、探险运动等功能的强IP型滨海文旅新业态新产品（如旅游型海洋牧场、海洋海岛型国家公园、邮轮游艇旅游产业园、休闲渔业、海洋文创、海洋文化演艺、海洋文旅度假综合体等），切实提升沿海经济带滨海旅游地"引客—迎客—留客"的综合发展能力与水平。

（2）就局域而言，各大城市需重新审视自身滨海旅游发展的"卡脖子"限制性因素。在滨海旅游资源维度生态位三个阶段中表现落后的东莞、中山、揭阳等城市未来应该加大对滨海文化和旅游资源的普查力度，发掘区域独特性的滨海文化资源并集中优势开发主题特色滨海景区与产品，如以虎门海防、靖海海防为主题特色的滨海文旅特色景区以及滨海文创、研学教育、休闲体育等业态产品。在滨海旅游市场维生态位三个阶段中皆表现落后的潮州、汕尾、茂名等城市未来应该重新定位自身的滨海旅游形象，塑造具有潮汕文化、疍家文化、冼太夫人文化基因的独特滨海 IP 形象，进而以符合现代性与情感性需求特征的 IP 形象进行多元新媒体营销以提升区域滨海旅游知名度与好感度。汕尾、阳江、潮州等滨海社会经济维生态位水平滞后型城市，未来应该通过提升旅游公共服务、优化交通接驳体系、大力发展第三产业等方面增强对滨海旅游发展的支撑力，提升滨海社会经济支持系统的协同力度。而滨海旅游生态维生态位水平相对滞后型城市的广州、中山、东莞、深圳、珠海等未来需要大力改善近岸海域水质与环境，提升滨海城市污水处理率，逐步构建由海洋国家公园、海洋自然公园、海洋自然保护区等构成的环珠江口海洋保护地体系，切实发挥优质滨海生态环境对滨海旅游系统的"正向反哺"效应。

3. 加强系统空间关联，发挥空间极核及组团效应

根据广东省沿海经济带滨海旅游生态位大小以及时空格局，可以将广州、深圳、珠海、惠州四座城市构成的珠三角区域定位为滨海旅游发展核心区，东西两翼的湛江、汕头可以定位为滨海旅游发展增长极，同时通过建设广东滨海游径轴线（滨海旅游公路、滨海邮轮游径、海丝—海防—海洋文化遗产游径、广府—潮汕—雷州文化生态游径），形成典型的滨海旅游发展"点轴"空间系统。以点－轴系统发展为战略思路，加强信息、人才、产品等区域要素的空间关联，强化区域滨海旅游发展的"极核"空间集聚扩散效应以及"组团凝聚"效应，减弱区域屏蔽效应，破除区域低值锁定的路径依赖效应，进而真正实现区域滨海旅游系统的互惠共生与高质量发展。例如：广东省沿海经济带珠三角区域的东莞、中山、江门等滨海城市应该立足于自身优势性资源强化与深圳、珠海、广州等高高集聚型（H－H）区域的滨海旅游联系与合作，主动承接高值区极核型城市的辐射扩散性效

应。广东省沿海经济带西翼的湛江、茂名、阳江，东翼的揭阳、潮州、汕头、汕尾等低低集聚型（L-L）区域滨海城市可以采取"抱团取暖"策略，共同协商组建"沿海经济带东西翼滨海旅游发展府际联盟"，共同设计滨海旅游发展的组织及政策体系，共同策划"一程多站"式滨海旅游特色游线以及开拓云贵川、粤港澳等近远程滨海旅游目标市场，形成东西两翼滨海旅游共生发展的界面与系统，以滨海旅游组团凝聚效应的发挥打破区域滨海旅游经济"低值锁定"的恶性发展循环圈。

二、生态位-协调度视角的策略建议

1."双高-中心型"协调城市

广州市、深圳市作为"双高-中心型"城市，处于沿海经济带滨海旅游经济发展的核心领导性地位，在稳固滨海旅游市场与社会经济的强大优势的同时，也需突破自身发展限制性因素，有效发挥两市的"双核"引领作用与驱动效应，从而实现广州、深圳及周边区域滨海旅游经济高质量可持续发展。全局而言，广州、深圳可以发挥珠三角城市群、粤港澳大湾区核心地位，加强与香港、澳门、珠海、惠州等的海洋旅游经济联系，以区域海洋旅游联动合作强化广-深旅游经济发展的"极核集聚效应"与"涓滴扩散效应"，提升区域海洋旅游经济发展的协同性。局部而言，新时期广州、深圳滨海旅游发展可以通过融入创意、科技等优势要素开发滨海文旅新业态新产品，例如：广州可以立足黄埔古港、南海神庙等海上丝绸之路文化遗迹，重点打造集观光、度假、商贸、演艺、文创、教育等复合体验功能于一体的海丝文化特色小镇、海丝文旅融合示范区、海丝宗教文化旅游区、粤海第一关文旅品牌；广州、深圳可以分别利用南沙滨海资源、蛇口太子湾等全面深度开发邮轮游艇产业集聚区、创意科技园以及海上游线，同时加强广州-深圳的邮轮旅游合作，共同协商制定国际游客邮轮入境的免签友好政策。对于滨海旅游生态条件相对处于劣势的广州、深圳而言，在发展滨海旅游经济的同时应注重滨海生态环境的修复与保护，改善近岸海域水质，探索建立环珠江口海洋特别保护区与海洋型国家公园，摸索建立海洋生态产品价值实现的可持续发展机制，以提升滨海旅游经济与生态环境发展的高度协调性。

2. "中高－次中心型"协调城市

"中高－次中心型"城市包括珠海、惠州、江门、湛江四市，其滨海旅游经济发展独立性与自主性相对较强，形成有一定区域范围辐射影响力的滨海旅游发展次级中心，综合实力次于"双高－中心型"城市。珠海、惠州、江门三市同属珠三角城市群、粤港澳大湾区，需要加强与广州、深圳等中心型城市的区域旅游联系，主动承接中心型城市的辐射与扩散，同时应以全域旅游的理念视角，整合区域滨海旅游资源、市场等，发挥巽寮湾、大亚湾、银湖湾等滨海旅游组团效应，深度开发构建滨海观光、休闲、度假相融合，康养、体育、科普等专项为补充的海洋海岛旅游项目产品体系，设计并推广珠海、江门、惠州等城市市域、跨海湾海岛的海洋海岛旅游线路，同时谋划建设珠海、惠州邮轮访问港，发展邮轮游艇旅游产业，以此全面提升区域滨海旅游发展的能级与质量。对于地处沿海经济带西翼的湛江而言，应根据自身滨海旅游市场与滨海社会经济发展的缺陷与不足，谋划建设联通其他滨海城市的湛江滨海旅游公路与高铁，建设国际邮轮访问港并开发海上旅游航线，打造四通八达的滨海旅游交通接驳体系，并以产业融合理念深度开发雷州文化旅游、军港旅游、滨海工业旅游、滨海红树林和珊瑚礁生态旅游等多元业态产品，以此破除湛江城市外向联系的陆海交通、产品结构等发展瓶颈与障碍。同时，未来湛江滨海旅游业发展过程中还应积极承接周边区域关联的北部湾城市群、海南自贸港、粤港澳大湾区等省级和国家区域经济发展战略的外向溢出效应，与周边区域组织全面开展线路共推、品牌共建、客源互送、信息共享、产品共营、政策共商等滨海旅游领域深度合作。

3. "双中－重要型"协调城市

茂名、汕尾属于广东省沿海经济带滨海旅游经济发展的"双中－重要型"城市，应该根据限制其滨海旅游可持续发展的"滨海旅游市场"与"滨海社会经济"两大维度因素采取针对性的发展策略。茂名可以与同处粤西的湛江、阳江二市在组织制度、旅游营销、资源开发等方面展开滨海旅游深度协同合作，共同组建"沿海经济带西翼旅游发展联盟"，府际共同协商制定粤西滨海旅游发展政策，打造无障碍滨海旅游交通系统，整合开发滨海全域旅游特色资源，打造与湛江、阳江形成生态位分离的石油工业文化、洗太夫人文化、宗教养生祈福文化等特色文旅业态产品，携手共推"多彩粤西，一程多站"的滨海旅游路线及形象，以此促进广东省沿海经济带西翼滨海旅游的协同高质量发展。而位于沿海经济带东翼的汕尾市拥有良好的滨海旅游资源与生态环境，但因滨海旅游市场吸引力不足、滨海社会经济支撑性不强等问题阻碍了城市滨海旅游发展品位。未来汕尾市应该主动谋划西与深圳、惠州，东与汕头、潮州、揭阳等共建滨海旅游产业园或特别合作区，利用深圳、惠州滨海旅游产业发展的外溢效应以及潮汕文化圈的协同效应，打造沿海经济带东翼旅游风景道、汕尾小漠镇与品清湖游艇旅游、滨海体育旅游以及海丰滨海红色旅游等特色业态产品，以此点亮汕尾的滨海旅游形象，提升汕尾的滨海旅游产品品质，优化汕尾的滨海旅游发展产业环境。

4. "低中－一般型"协调城市

潮州、东莞、汕头、阳江属于沿海经济带滨海旅游经济发展的"低中－一般型"城市，需要根据自身滨海旅游经济发展过程的制约性因素以及与周边城市的竞合关系寻求高质量发展的突破。汕头、潮州二市同属潮汕文化圈，潮汕文化地域特征显著，可以借鉴"泉州－漳州－厦门"的组团模式，联合汕尾、揭阳共同打造沿海经济带东翼滨海旅游组团，将海防、民俗、宗教、红色等地方性要素与滨海旅游深度融合，整合"南澳Ⅰ号""樟林古港""广济桥"等"海丝"文化遗迹点，串联式共同开发海防"海丝"文化、红色革命文化、潮汕民俗文化等主题项目及游线产品，打造潮汕特色滨海文旅品牌。东莞市受滨海旅游资源、市场、生态三维要素的劣势条件制约，成为珠三角片区滨海旅游发展的形象黯淡点，未来滨海旅游业发展需要重点挖掘虎门片区虎门炮台、鸦片战争等历史海防文化资源特色与旅游功能，通过与广州南沙片区上下横档岛海防遗迹点的整合联动，并融入文创、科技、教育、演艺等关联产业元素，共同打造海防主题特色旅游演艺、海防遗址国家文化公园、海防科技小镇，培育海防研学、爱国教育等线路产品品牌。阳江市在滨海旅游发展过程中受到滨海旅游市场与社会经济支撑条件的制约，一方面阳江可与湛江、茂名等建立府际间滨海旅游发展的联席协调机制，协同开拓粤港澳、云贵川、长三角、东北等近远程旅游市场；另一方面阳江市日后需要加大发展现代服务业经济，完善城市旅游公共服务与政策体系，构建立体化、快捷式滨海旅游集散与接驳交通系统，以此提升滨海社会经济系统对滨海旅游经济高质量发展的支撑力。

5. "双低－边缘型"协调城市

"双低－边缘型"城市包括中山市、揭阳市，是滨海旅游经济综合实力较差的滨海城市，处于广东省沿海经济带滨海旅游发展的"边缘区"以及珠三角片区的"形象遮蔽区"，其滨海旅游产业发展所需的资源、市场、经济、生态等多维关联要素支撑性差，与周边区域滨海城市之间的旅游经济联系强度弱。未来中山市、揭阳市应该采取"抱团取暖，存同求异"的发展策略，中山市应主动融入深圳、珠海、惠州等珠三角片区的滨海旅游发展格局中，揭阳也应积极融入潮汕滨海文旅发展圈，以获取区域滨海旅游协同发展的优质产业政策与环境，并立足自身城市文化基因打造差异化的城市 IP 型滨海旅游业态产品，实现"边缘型"滨海旅游过境地到"重要型"滨海旅游目的地的升级转变。例如：中山市可以立足城市名人文化、滨海历史文化地域基因，对接周边珠三角片区"中心型"或"次中心型"滨海城市，协同发展滨海休闲度假、滨海帆船游艇、滨海科普教育、滨海文化创意等产品谱系；而揭阳市可以主动与汕头、汕尾、潮州三市开展滨海旅游合作，建立"潮汕揭"滨海旅游发展的组织制度、支持系统、宣传营销等协同机制，形成合力、共同开发具有浓郁潮汕民俗文化气息的跨区域滨海文旅项目及线路产品，同时该市政府需要加大滨海文旅产业的政策倾斜与资源资金投入，积极引入大型品牌文旅企业的投资来恢复靖海古城墙及相关海防遗址遗迹，以旅游化利用手段打造集观光、度假、运动、教育、科普、体验等多功能为一体的靖海海防文旅综合体项目，塑造独具揭阳滨海地域基因的文旅品牌 IP。

第十二章
研究结论

第一节　北部湾城市群研究结论

一、旅游生态位研究结论

基于 2007—2012 年、2012—2017 年两个时间阶段的北部湾城市群滨海城市相关统计数据与测评指标体系，运用旅游生态位宽度与重叠度双重理论模型，综合测评了北部湾城市群 7 个滨海城市旅游产业综合竞争力、竞争关系与程度，并深入分析了区域滨海城市旅游产业竞争力与竞争程度的历时阶段性变迁特征，得出 4 个研究结论。

（1）北部湾城市群 7 个滨海城市旅游生态位宽度水平差异化特征不显著，旅游产业综合竞争力差距总体较小。2007—2012 年旅游产业综合竞争力水平的综合排序为：湛江＞海口＞防城港＞茂名＞北海＞阳江＞钦州；2012—2017 年旅游产业综合竞争力水平的综合排序为：湛江＞北海＞钦州＞海口＞茂名＞防城港＞阳江。

（2）7 个滨海城市旅游产业综合竞争力水平的阶段历时性变迁幅度总体不显著，局部存在一定的分异。茂名、海口、钦州、防城港四市旅游竞争生态位存在阶段性"压缩"或"扩充"变迁态势，旅游产业综合竞争力水平等级呈现"由高到低"（防城港）、"由中到低"

（茂名）、"由高到中"（海口）、"由低到中"（钦州）的阶段性变迁特征。

（3）区域滨海城市旅游生态位综合重叠度较高，7个滨海城市在两阶段的旅游竞争总体保持激烈状态。2007—2012年为滨海城市旅游竞争生态位综合重叠度排序为：阳江＞钦州＞海口＞北海＞湛江＞防城港＞茂名；2012—2017年7个滨海城市旅游竞争生态位综合重叠度排序为：海口＞阳江＞钦州＞湛江＞防城港＞茂名＞北海。

（4）21对城市组间旅游竞争程度等级存在"由高到低""由高到中""由中到低""由低到中""由中到高"5种阶段性变迁类型。旅游竞争程度等级"由高到低"变迁的城市组为"海口－北海""阳江－北海"，"由高到中"变迁的城市组为"钦州－北海""海口－钦州""阳江－钦州"，"由中到低"变迁的城市组为"湛江－北海""茂名－钦州"，"由低到中"变迁的城市组为"海口－茂名""茂名－湛江""湛江－防城港""防城港－海口"，"由中到高"变迁的城市组为"阳江－湛江"。

二、旅游协同发展研究结论

本书构建的北部湾城市群滨海旅游协同发展测评指标体系，选取2007—2019年北部湾城市群滨海旅游相应的统计数据，采用隶属函数协调度模型测度城市与城市间的滨海旅游协同发展水平，并得出3个结论。

（1）北部湾城市群滨海旅游协同发展水平逐年提高，北部湾滨海旅游呈现出日益巨大的发展潜力，产业的整体协同度总体上呈现上升趋势。北部湾滨海旅游城市间的协同发展水平取决于3省域中8个城市子系统的发展水平，而子系统协调发展水平的提升又能促进城市间产业协同发展水平的提高。但区域内部的各个城市之间仍未形成实质性的密切合作与协同发展的关系。

（2）城市间的协同发展水平受旅游发展水平较低的地区影响较大。北部湾滨海旅游发展的不平衡性主要体现在阳江、茂名、防城港、钦州的滨海旅游短板，这不利于区域滨海旅游的协调发展。

（3）处于边缘化地位的城市旅游协同发展不高。影响区域滨海旅游协同发展的因素有很多，从各个城市滨海旅游协同发展的实际情况出发，目前造成阳江、茂名、防城港、钦州滨海旅游协同发展水平还不高的原因主要是，它们在北部湾区域发展格局中处于边缘化地位，不仅在地理位置上处于边缘区域，在旅游经济发展中也缺乏具有较强关联效应的大型产业或项目来支撑和带动。

三、滨海旅游形象投射与竞争研究结论

（1）在网络态势方面，北海的目的地投射形象网络规模较大，形象节点联系紧密，具有更显著的小世界性，但网络效率低，冗余性联结多，整体网络呈现臃肿状态。而湛江的目的地形象网络规模和网络弹性空间相对较小，形象节点联结程度也相对较弱，但其网络结构具有高效率特征。

（2）在网络节点方面，北海和湛江目的地投射形象网络都大多强调认知形象节点的核心地位，但北海比湛江多突出了舒适惬意等情感形象的价值。北海在投射形象定位中，采用了多中心性策略，想要达到自然景观与人文景观均衡发展。而湛江以海洋风光资源为核心，并且对人文风情进行重点宣传。湛江和北海的核心元素中共有 7 个重合形象，这 7 个形象在湛江核心元素中占比63.637%。同时湛江其他核心元素（夜生活、生活状态、科教研学）都存在于北海的重要元素之中，加上北海旅游发展起步先于湛江，这也导致了湛江一直处于北海旅游目的地屏蔽效应之中。而湛江投射形象中独有的认知形象（非遗艺术、都市风貌）在网络节点中却都处于较为边缘的地位。

（3）在网络路径方面，北海目的地投射形象网络组合投射较为

分散，展现出以海洋风光为中心，带动周围节点的辐射路径。而湛江目的地投射形象网络则形成一个海洋风光、热带植物和美食小吃三足鼎立的局面。其次，北海的核心元素众多，组合投射形象也皆为核心元素，但也容易导致宣传重心不突出，无法给旅游者留下深刻印象。

（4）在网络社团方面，北海的网络结构表现出社团规模长短有序的特征，体现出核心元素之间采用强强结合的策略，并且由这些核心元素所组成的社团与其他社团之间关系紧密。相比之下，湛江的目的地投射形象网络中，小规模社团占主导地位，采用以强带弱的均衡型策略。

第二节　广东沿海经济带研究结论

一、滨海旅游竞合生态位时空变迁研究结论

以 2009—2018 年广东沿海经济带滨海 14 市为研究对象，利用旅游生态位理论模型综合测算 14 市滨海旅游生态位，进而通过探索性空间自相关分析、地理探测器模型等深入分析滨海旅游生态位的时空动态特征及其驱动因素，得出如下主要研究结论：

（1）广东沿海经济带滨海旅游发展的生态位水平整体偏低，生态位历时阶段性发展总体变化幅度小，局部高低交叉时序演进特征较为显著。三个阶段滨海 14 市滨海旅游综合生态位值小于 1，其滨海旅游发展的综合竞争力相对不足；约 70% 的滨海城市旅游生态位的时序演进波动范围小，仅茂名、东莞、中山、汕尾等少数滨海城市旅游生态位值的阶段性上升与下降幅度较为明显。

（2）广东沿海经济带滨海旅游生态位区域非均衡性的"核心 - 边缘"结构特征突出，非均衡性空间格局持续而稳定。三个阶段中，

沿海经济带沿线生态位等级"高值区"城市中珠三角区域占比增至85.71%，是因为珠三角区域相对处于滨海旅游发展的核心层；而较低、低水平生态位等级城市中东翼区域占比稳居60%，西翼区域占比为20%，说明经济带东西两翼相对处于滨海旅游发展的边缘层，且东翼边缘性程度高于西翼。

（3）广东沿海经济带滨海旅游生态位存在空间关联集聚特征，而三个阶段空间集聚模式及效应存在异质性。14市滨海旅游生态位存在正向的空间自相关性特征，可以划分为"高－高"（H－H）、"低－高"（L－H）、"低－低"（L－L）三种空间集聚关联模式。深圳、东莞、惠州、汕头、中山、揭阳为三个阶段空间集聚效应皆显著的滨海城市，其余滨海城市未通过空间集聚的显著性检验。"高－高"集聚型城市的区域扩散效应历时性减弱，"低－高"集聚型城市的区域屏蔽效应历时性增强，"低－低"集聚型城市的区域同质化竞争效应突出。

（4）滨海旅游生态位时空动态分异存在13个主导性驱动因子，三阶段主导因子的驱动力存在历时性分异。13个驱动因子可归为高等级滨海景区数量、滨海旅游市场效益、滨海社会经济支撑力、滨海生态冲击力4大类别。高等级滨海景区数量、滨海社会经济支撑力、滨海生态冲击力3大类别因子的 q 值阶段性增减幅度相对明显，其驱动力的阶段差异性总体较为显著；而滨海旅游市场效益类别因子的 q 值在三个阶段中皆持续处于高位且变化幅度小，其对滨海旅游生态位时空分异具有强且稳定的解释力。

二、滨海旅游竞合发展"生态位－协调度"研究结论

以广东沿海经济带沿线14个滨海城市为研究对象，构建滨海旅游经济生态位测评指标体系，采用生态位－协调度复合理论视角深入分析沿海经济带滨海旅游经济发展质量，可得出以下主要结论：

（1）沿海经济带 14 市滨海旅游经济发展的综合生态位水平呈现"总值偏小，分层异质"的特征，滨海旅游资源维、滨海旅游市场维、滨海社会经济维、滨海生态环境维四大维度因子相互作用并影响了滨海旅游经济发展综合生态位。

（2）沿海经济带滨海旅游经济系统综合协调性总体表现较差，系统功能与结构处于相对失调状态，不同滨海城市滨海旅游经济发展的综合协调性关联滞后因素存在分异。

（3）沿海经济带滨海旅游经济发展质量是滨海 14 市滨海旅游经济系统外部间生态位的时空竞争、系统内部资源－市场－经济－生态 4 大关联子系统耦合协调共同作用的结果。根据滨海旅游经济发展的生态位－协调度空间格局状况对滨海旅游经济发展质量进行科学判识后，可以将沿海 14 市划分为"双高－中心型""中高－次中心型""双中－重要型""低中－一般型""双低－边缘型"5 大等级类型。"双高－中心型"城市为广州市、深圳市，"中高－次中心型"城市为珠海市、惠州市、江门市、湛江市，"双中－重要型"城市为茂名市、汕尾市，"低中－一般型"城市为阳江市、汕头市、潮州市、东莞市，"双低－边缘型"城市为中山市、揭阳市。

（4）沿海经济带珠三角片区、西翼片区、东翼片区的"双中"等级以上组合类型城市占比分别为 35.71%、14.29%、7.14%，说明沿海经济带滨海旅游经济复合系统发展质量的排序为：珠三角片区 ＞西翼片区 ＞东翼片区。

三、滨海旅游竞合发展的社会网络研究结论

（1）广东省沿海经济带在研究时间段内旅游经济联系强度增长快速，旅游经济网络结构进一步复杂化、密集化。与此同时，广东省沿海经济带存在比较严重的旅游经济发展不均衡现象。从整体而言，旅游经济联系呈现中心珠三角区域密集，粤东、粤西等非珠三角地区

稀疏的特征，区域旅游经济联系水平差异显著，存在严重的两极化趋势，广州、深圳、东莞占广东省沿海经济带旅游经济联系总量中的比重始终在50%左右，珠三角地区的联系量在整体网络中占绝对的垄断优势。从个体城市而言，在广东省沿海经济带旅游经济网络中，广州的地位最高，深圳位于第二，这两个城市对广东省沿海经济带旅游经济的发展起到引领作用。汕尾、阳江、湛江、茂名等城市处于粤东、粤西地区，与珠三角城市在旅游经济联系水平方面差异显著，是沿海经济带旅游经济协同发展的限制因素。潮州、揭阳在2009—2019年期间旅游经济联系水平提升显著，对粤东地区旅游经济的发展产生带动促进作用。

（2）从核心－边缘结构角度观察，广东省沿海经济带旅游经济网络内部城市之间的发展水平差距较大，网络中存在明显的核心－边缘结构。广东省沿海经济带旅游经济社会网络的核心区由中部珠三角地区向外不断扩大。核心区城市由2009年的7个城市增长为2019年的12个。在10年的结构变化中，一直处于核心区的城市有广州、深圳、珠海、惠州、东莞、江门，这些城市都是珠三角城市，带动提升了整个网络的联系水平；一直处于边缘区的城市只有茂名，在2009—2019年的动态发展期间制约了沿海经济带整体网络之间的联系互动。

（3）广东省沿海经济带依照地域的联系可划分为多个子群，早期子群划分的变化性大，后期子群则相对稳定，其空间结构稳定性提升。在2009—2019年的旅游经济发展过程中，始终存在某些城市没有与其他个体形成子群，处于被孤立的边缘状态。在广东省沿海经济带内，地理距离接近的、旅游经济联系水平相近的城市之间更具备旅游经济合作的可能。沿海经济带城市之间的旅游经济交流仍然不够充分，偏远地区的旅游经济联系密度仍有待进一步提升。

（4）在2009—2019年期间，广东省沿海经济带旅游经济网络密度由 0.33 上升到 0.93，说明广东省沿海经济带旅游经济网络密度快速提升，城市间的旅游联系增强。广东省沿海经济带整体网络联系水平向紧密化、高质量化发展。在节点的中心度数值上，珠三角地区的城市中心度水平高，而粤东、粤西城市中心度水平低。其中，网络中的核心城市与其他城市之间旅游经济联系水平差距较大。广州、深圳的各项中心度数值始终处于最高水平，而汕尾、茂名的各项中心度数值则最低。阳江、湛江的中心度水平得到了大幅度提升，在旅游社会网络中的地位不断提高，在旅游经济联系中的纽带作用不断显现。

（5）从结构洞角度观察，在研究时间段内，广州、深圳在网络中占据较多的结构洞，处于广东省沿海经济带旅游经济社会网络中的核心位置，并对网络中其他城市之间的联系造成较大影响。而汕头、湛江、茂名、潮州、揭阳等非珠三角地区城市在旅游社会网络中的地位较低。中山作为珠三角城市，在旅游社会网络中的地位也较低，其与其他城市之间的旅游经济联系则更容易受到周围广州、深圳等其他珠三角城市的影响。

参 考 文 献

［1］ 白小瑜. 从社会网络的"洞"中获利：伯特的"结构洞"理论评析［J］. 重庆邮电大学学报（社会科学版），2009，21（4）：98－102.

［2］ 保继刚，曲鸣亚. 广州城市基本：非基本功能对城市旅游规模的影响［J］. 经济地理，2023，43（3）：23－34.

［3］ 宾津佑，唐小兵，白福臣. 广东沿海经济带海洋资源－环境－经济系统承载力时空耦合研究［J］. 海洋通报，2022，41（1）：82－91.

［4］ 陈宏寿. 广东沿海经济带高质量协调发展：背景、困境和路径［J］. 汕头大学学报（人文社会科学版），2023，39（3）：84－93，96.

［5］ 陈敏婕，张玉强. 广东沿海经济带府际博弈现状及其策略选择［J］. 浙江海洋大学学报（人文科学版），2021，38（4）：10－15，22.

［6］ 陈文捷，闫孝茹. 区域城市旅游生态位测评及发展策略研究：以珠江－西江经济带为例［J］. 生态经济，2019，35（9）：145－150，163.

［7］ 陈秀琼，黄福才. 中国入境旅游的区域差异特征分析［J］. 地理学报，2006（12）：1271－1280.

［8］ 陈秀秀，王玉婷. 基于官方微博内容挖掘的福建省旅游投射形

象研究［J］．海峡科学，2019（10）：62－67．

［9］ 程金龙，吴国清．旅游形象研究理论进展与前瞻［J］．地理与地理信息科学，2004（2）：73－77．

［10］ 崔树强，朱佩娟，吴小双，等．长江中游城市群旅游协同演化及影响因素研究［J］．中南林业科技大学学报（社会科学版），2018，12（1）：65－74．

［11］ 单晨，陈艺丹．京津冀旅游协同发展网络时空演化及影响因素研究［J］．新疆财经，2021（2）：17－28．

［12］ 丁冬冬，李飞雪，徐朗，等．中国滨海旅游生态创新水平测度及其影响因素分析［J］．海洋环境科学，2020，39（2）：268－276．

［13］ 丁蕾，吴小根，丁洁．城市旅游竞争力评价指标体系的构建及应用［J］．经济地理，2006（3）：511－515．

［14］ 董引引，曲颖．滨海目的地"投射形象网络机制"对比研究：差异化竞争定位的契机——以三亚与厦门为例［J］．旅游科学，2021，35（5）：43－61．

［15］ 方创琳．京津冀城市群协同发展的理论基础与规律性分析［J］．地理科学进展，2017，36（1）：15－24．

［16］ 方叶林，黄震方，王坤，等．基于 PCA－ESDA 的中国省域旅游经济时空差异分析［J］．经济地理，2012，32（8）：149－154，35．

［17］ 高元衡．沿海旅游目的地成长研究［D］．上海：华东师范大学，2009．

［18］ 葛扬，张建国，崔会平，等．旅游地投射形象与感知形象对比研究：基于安吉竹子博览园网络照片分析［J］．林业经济问题，2018，38（2）：45－52，105．

［19］ 广东省人民政府．广东省人民政府关于印发广东省沿海经济带

综合发展规划（2017—2030 年）的通知 ［EB/OL］. （2017 –
12 – 05） ［2023 – 06 – 12］. http://www. gd. gov. cn/gkmlpt/
content/0/146/post_146463. html#7.

［20］ 广东省自然资源厅. 广东海洋经济发展报告（2020）［EB/
OL］. （2020 – 06 – 10） ［2023 – 06 – 12］. http://nr. gd. gov.
cn/zwgknew/tzgg/tz/content/post3013155. html.

［21］ 国家发展改革委，住房城乡建设部. 关于印发北部湾城市群发展
规划的通知 ［EB/OL］. （2017 – 02 – 10） ［2023 – 06 – 12］.
http://www. gov. cn/xinwen/2017 – 02/16/content_5168454. htm.

［22］ 韩胜娟. SPSS 聚类分析中数据无量纲化方法比较 ［J］. 科技广
场，2008 （3）：229 – 231.

［23］ 韩秀娣. 城市生态位的内涵及其调控 ［J］. 现代城市研究，
2000 （2）：42 – 43，64.

［24］ 贺小荣，彭坤杰，马晶宝，等. 生态位理论视阈下湖南省城市
旅游竞争力提升研究 ［J］. 湖南社会科学，2019 （6）：
110 – 119.

［25］ 贺小荣，彭坤杰. 生态位理论视角下湖南省城市旅游脆弱性评
价 ［J］. 经济地理，2021，41 （4）：174 – 182.

［26］ 侯玉可，苏若晟，邓琪琪，等. 基于共生理论的北部湾城市群旅游
产业协同性分析 ［J］. 全国流通经济，2021 （26）：106 – 108.

［27］ 胡春雷，肖玲. 生态位理论与方法在城市研究中的应用 ［J］.
地域研究与开发，2004 （2）：13 – 16.

［28］ 黄泰，席建超，葛全胜. 高铁影响下城市群旅游空间的竞争格
局分异 ［J］. 经济地理，2017，37 （8）：182 – 191.

［29］ 黄亚芬，全华. 不同评价指标体系下的城市旅游竞争力评价研
究——以环北部湾城市群为例 ［J］. 中南林业科技大学学报
（社会科学版），2019，13 （1）：96 – 102.

[30] 姜磊，柏玲，吴玉鸣. 中国省域经济、资源与环境协调分析：兼论三系统耦合公式及其扩展形式 [J]. 自然资源学报，2017，32（5）：788－799.

[31] 李会琴，罗玉杰，侯林春. 北部湾城市群旅游经济联系空间结构演变及优化研究 [J]. 热带地理，2023，43（8）：1586－1598.

[32] 李健，范晨光，苑清敏. 基于距离协同模型的京津冀协同发展水平测度 [J]. 科技管理研究，2017，37（18）：45－50.

[33] 李蕾蕾. 城市旅游形象设计探讨 [J]. 旅游学刊，1998（1）：46－48.

[34] 李平，史晓源. 我国滨海城市海洋旅游竞争力影响因素分析：基于分层模型的实证研究 [J]. 浙江海洋大学学报（人文科学版），2019，36（1）：40－48.

[35] 李契，朱金兆，朱清科. 生态位理论及其测度研究进展 [J]. 北京林业大学学报，2003（1）：100－107.

[36] 李淑娟，陈静. 基于生态位理论的山东省区域旅游竞合研究 [J]. 经济地理，2014，34（9）：179－185.

[37] 李淑娟，王彤，高宁. 我国滨海城市旅游发展质量演化特征研究 [J]. 经济与管理评论，2019，35（3）：147－160.

[38] 李淑娟，王彤. 滨海城市旅游－经济－生态环境耦合协调发展实证研究 [J]. 中国海洋大学学报（社会科学版），2017（6）：43－49.

[39] 李淑娟，王肖，隋玉正. 基于生态位理论的山东省城市旅游竞争力评价及空间格局研究 [J]. 地域研究与开发，2017，36（5）：104－109.

[40] 李志勇，黄宝龄. 北部湾城市群旅游竞争力评价研究 [J]. 云南地理环境研究，2018，30（6）：35－41.

[41] 李志勇，徐红宇. 基于共生理论的北部湾城市群旅游产业协同

发展研究 [J]. 经营与管理, 2021 (4): 172 – 176.

[42] 梁明珠, 易婷婷. 广东省城市旅游效率评价与区域差异研究 [J]. 经济地理, 2012, 32 (10): 158 – 164.

[43] 廖重斌. 环境与经济协调发展的定量评判及其分类体系: 以珠江三角洲城市群为例 [J]. 热带地理, 1999 (2): 76 – 82.

[44] 林昆勇, 黄凤翔, 韦晓瞳. 区域协调发展视角下广西北部湾城市发展路径研究 [J]. 城市, 2021 (10): 21 – 28.

[45] 林小洁, 夏敏慧, 林婕. 基于"点 – 轴系统"理论下环北部湾海洋旅游发展研究 [J]. 海南师范大学学报 (社会科学版), 2019, 32 (1): 139 – 144.

[46] 凌连新. 岭南 – 北部湾地区旅游业复合系统协同发展研究 [D]. 南宁: 广西大学, 2021.

[47] 刘法威, 许恒周, 王姝. 人口 – 土地 – 经济城镇化的时空耦合协调性分析: 基于中国省际面板数据的实证研究 [J]. 城市发展研究, 2014, 21 (8): 7 – 11.

[48] 刘佳, 陆菊, 刘宁. 基于 DEA – Malmquist 模型的中国沿海地区旅游产业效率时空演化、影响因素与形成机理 [J]. 资源科学, 2015, 37 (12): 2381 – 2393.

[49] 刘佳, 奚一丹. 长三角滨海旅游经济差异时空演化及形成机理 [J]. 华中师范大学学报 (自然科学版), 2015, 49 (4): 630 – 639, 646.

[50] 刘佳, 赵金金, 张广海. 我国滨海旅游产业结构及集群效应定量分析 [J]. 山西财经大学学报, 2012, 34 (2): 66 – 75.

[51] 刘佳. 中国滨海旅游功能分区及其空间布局研究 [D]. 青岛: 中国海洋大学, 2010.

[52] 刘建国. 生态位理论的发展及其在农村生态工程建设中的应用原则 [J]. 农业现代化研究, 1987 (6): 30 – 33.

［53］ 刘军. 社会网络分析导论［M］. 北京：社会科学文献出版社，2004.

［54］ 吕连琴，陈天玉. 旅游目的地宣传形象与游客感知形象对比研究：以河南省为例［J］. 地域研究与开发，2020，39（6）：98-102，107.

［55］ 马世骏. 现代生态学透视［M］. 北京：科学出版社，1990：72-89.

［56］ 马艳梅，吴玉鸣，吴柏钧. 长三角地区城镇化可持续发展综合评价：基于熵值法和象限图法［J］. 经济地理，2015，35（6）：47-53.

［57］ 马勇，童昀. 基于生态位理论的长江中游城市群旅游业发展格局判识及空间体系建构［J］. 长江流域资源与环境，2018，27（6）：1231-1241.

［58］ 孟毅，韩凤晶，李秀蓉. 广东沿海经济带城市群科技创新协同发展研究［J］. 中国软科学，2022（S1）：316-321.

［59］ 潘越，翁钢民，盛开，等. 长江经济带"旅游+"复合系统协同发展的时空演化特征与空间差异研究［J］. 长江流域资源与环境，2020，29（9）：1897-1909.

［60］ 彭华. 关于城市旅游发展驱动机制的初步思考［J］. 人文地理，2000（1）：1-5.

［61］ 彭莹，严力蛟. 基于生态位理论的浙江省旅游城市竞争发展策略［J］. 生态学报，2015，35（7）：2195-2205.

［62］ 乔家君. 改进的熵值法在河南省可持续发展能力评估中的应用［J］. 资源科学，2004（1）：113-119.

［63］ 秦立春，傅晓华. 基于生态位理论的长株潭城市群竞合协调发展研究［J］. 经济地理，2013，33（11）：58-62.

［64］ 曲颖，董引引. "官方投射形象-游客目的地依恋"网络机制

对比分析——以海南重游驱动为背景 [J]. 南开管理评论, 2021, 24 (5): 73 - 85.

[65] 石玉. "清新福建" 旅游形象 DMO 投射与游客感知差距分析 [J]. 三明学院学报, 2018, 35 (3): 68 - 76.

[66] 苏海洋, 刘人怀, 文彤. 粤港澳大湾区城市旅游信息网络结构 [J]. 热带地理, 2022, 42 (2): 220 - 235.

[67] 苏章全, 李庆雷, 明庆忠. 基于共生理论的滇西北旅游区旅游竞合研究 [J]. 山西师范大学学报 (自然科学版), 2010, 24 (1): 98 - 103.

[68] 孙立新. 社会网络分析法: 理论与应用 [J]. 管理学家 (学术版), 2012 (9): 66 - 73.

[69] 孙晓. 中国旅游经济高质量发展区域差异性及协同性研究 [D]. 沈阳: 辽宁大学, 2021.

[70] 汪清蓉, 余构雄. 基于生态位的长三角区域旅游城市竞合态势及策略 [J]. 西南师范大学学报 (自然科学版), 2008, 33 (6): 112 - 118.

[71] 汪清蓉, 余构雄. 区域旅游城市生态位测评及竞合模式研究: 以珠江三角洲为例 [J]. 旅游学刊, 2008 (3): 50 - 56.

[72] 汪永生, 李宇航, 揭晓蒙, 等. 中国海洋科技 - 经济 - 环境系统耦合协调的时空演化 [J]. 中国人口·资源与环境, 2020, 30 (8): 168 - 176.

[73] 王刚, 赵松岭, 张鹏云, 等. 关于生态位定义的探讨及生态位重叠计测公式改进的研究 [J]. 生态学报, 1984 (2): 119 - 127.

[74] 王刚, 赵松岭, 张鹏云, 等. 关于生态位定义的探讨及生态位重叠计测公式改进的研究 [J]. 生态学报, 1984 (2): 119 - 127.

[75] 王慧, 王晓川, 邓学龙. 沿海城市群旅游效率测度及评价——以北部湾城市群为例 [J]. 社会科学家, 2023 (2): 45 - 52.

［76］王劲峰，徐成东. 地理探测器：原理与展望［J］. 地理学报，2017，72（1）：116 - 134.

［77］王璐. 网络语境下西安旅游目的地投射形象与感知形象偏差机理研究［D］. 西安：西安外国语大学，2020.

［78］王强，陈海鹰. 广东沿海经济带滨海旅游生态位时空动态特征分析［J］. 中国海洋大学学报（社会科学版），2022（1）：54 - 68.

［79］王强，张育芬，黎剑辉，等. 边缘型滨海城市旅游竞争力综合测评及提升建议——以粤西茂名市为例［J］. 四川旅游学院学报，2020（1）：66 - 71.

［80］王强，张育芬，李志勇. "湛茂阳"区域滨海旅游多维生态位及竞合发展策略研究［J］. 资源开发与市场，2021，37（1）：101 - 106.

［81］王强，张育芬，李志勇. 北部湾城市群滨海城市旅游生态位综合测评及动态变迁［J］. 生态经济，2020，36（8）：120 - 127.

［82］王晓芳，郭艳，李宇晟，等. 多尺度视角下都市旅游流网络结构演化研究——以武汉市为例［J］. 地域研究与开发，2023，42（2）：93 - 99.

［83］王晓钰，段文军. 高铁"流空间"效应下的广西北部湾城市群旅游经济空间效应研究［J］. 广西职业师范学院学报，2021，33（1）：72 - 79.

［84］王志民. 江苏省区域旅游产业与科技创新协同度研究［J］. 世界地理研究，2016，25（6）：158 - 165.

［85］王莒萱. 区域海洋旅游竞争力提升研究：以山东省为例［J］. 东岳论丛，2015，36（4）：103 - 107.

［86］韦福巍，黄荣娟，时朋飞. 基于生态位理论的广西区域旅游协调发展研究［J］. 西南师范大学学报（自然科学版），2018，43（10）：35 - 42.

［87］韦福巍，黄荣娟，朱慧芳. 省级区域旅游产业－社会经济－生态环境耦合协调度空间相关性研究：以广西为例 ［J］. 西北师范大学学报（自然科学版），2017，53（4）：116－123.

［88］文冬妮. 城市群文旅产业高质量发展的驱动机制及优化路径——以广西北部湾城市群为例 ［J］. 社会科学家，2022，（5）：53－60.

［89］翁钢民，李慧盈. 京津冀旅游产业协同发展水平测度与整合路径研究 ［J］. 资源开发与市场，2017，33（3）：369－372.

［90］吴红焱，杨晓霞. 网红景区投射形象与感知形象的对比研究：以重庆万盛奥陶纪景区为例 ［J］. 资源开发与市场，2019，35（12）：1556－1560.

［91］吴泓，顾朝林. 基于共生理论的区域旅游竞合研究：以淮海经济区为例 ［J］. 经济地理，2004（1）：104－109.

［92］伍先福，张河清，刘建平. 中国区域旅游协作系统研究 ［J］. 开发研究，2007（1）：126－129.

［93］向延平. 旅游生态位理论、方法与应用研究：以湖南省张家界市为例 ［M］. 北京：经济管理出版社，2012.

［94］肖亮，赵黎明. 互联网传播的台湾旅游目的地形象：基于两岸相关网站的内容分析 ［J］. 旅游学刊，2009，24（3）：75－81.

［95］徐琳琳，周彬，虞虎，等. 2022年冬奥会对张家口城市旅游地形象的影响研究——基于 UGC 文本分析 ［J］. 地理研究，2023，42（2）：422－439.

［96］徐小波，赵磊，刘滨谊，等. 中国旅游城市形象感知特征与分异 ［J］. 地理研究，2015，34（7）：1367－1379.

［97］许峰，秦晓楠，张明伟，等. 生态位理论视角下区域城市旅游品牌系统构建研究——以山东省会都市圈为例 ［J］. 旅游学

刊，2013，28（9）：43–52.

[98] 杨二鹏，邓渠成. 北部湾城市群旅游规模时空格局演化与影响因素研究 [J]. 广西科学，2022，29（3）：595–606.

[99] 杨英宝，钱乐祥，苗长虹. 旅游竞争研究的回顾与展望 [J]. 世界地理研究，2002（2）：88–95.

[100] 姚云浩，栾维新. 沿海城市经济–海洋生态环境–游艇旅游业耦合协调发展分析 [J]. 海洋通报，2018，37（4）：361–369.

[101] 尹丽，田良，颜欣. 基于旅游摄影照片的旅游目的地投射形象与游客感知形象研究 [J]. 度假旅游，2019（4）：439–440.

[102] 于洪雁，李秋雨，梅林，等. 社会网络视角下黑龙江省城市旅游经济联系的空间结构和空间发展模式研究 [J]. 地理科学，2015，35（11）：1429–1436.

[103] 余世孝. 物种多维生态位宽度测度 [J]. 生态学报，1994（1）：32–39.

[104] 张存刚，李明，陆德梅. 社会网络分析：一种重要的社会学研究方法 [J]. 甘肃社会科学，2004（2）：109–111.

[105] 张广海，孙文斐. 城市旅游发展动力机制评价分析：以山东滨海城市为例 [J]. 中国海洋大学学报（社会科学版），2010（4）：76–81.

[106] 张昊，韩增林，乔国荣，等. 黄河流域城市间旅游经济联系格局及影响因素研究 [J]. 干旱区地理，2023，46（8）：1344–1354.

[107] 张红智，王波，韩立民. 全域旅游视阈下海洋渔业与滨海旅游业互动发展研究 [J]. 山东大学学报（哲学社会科学版），2017（4）：135–143.

[108] 张洪，方芳，朱文静，等. 沿海地区旅游发展效率与经济增

长水平协调关系 [J]. 华侨大学学报（哲学社会科学版），2020 (6)：56 – 68.

[109] 张洪，夏明. 安徽省旅游空间结构研究：基于旅游中心度与旅游经济联系的视角 [J]. 经济地理，2011，31 (12)：2116 – 2121.

[110] 张建伟，窦攀烽，焦士兴. 基于 DEA – ESDA 的河南省入境旅游效率区域差异研究 [J]. 世界地理研究，2019，28 (1)：111 – 120.

[111] 张鹏杨，郑婷. 文本挖掘的旅游地官方投射形象与游客感知形象差异：以昆明市为例 [J]. 华侨大学学报（哲学社会科学版），2022 (4)：24 – 36.

[112] 张赛茵，雷婷，孙洁，等. 资源衰退型城市旅游转型发展的影响因素及组态路径——基于模糊集定性比较分析 [J]. 自然资源学报，2023，38 (3)：601 – 617.

[113] 张玉鸿，晏富恒，李蕾，等. 长吉图旅游生态位宽度和重叠度实证分析 [J]. 资源开发与市场，2019，35 (3)：439 – 444.

[114] 张玉强，李民梁. 广东沿海经济带海洋环境与经济增长的协调关系实证研究 [J]. 海洋开发与管理，2021，38 (4)：16 – 26.

[115] 张育芬，王强，陈海鹰. 广东沿海经济带滨海旅游经济发展质量研究——基于生态位 – 协调度理论模型 [J]. 大连海事大学学报（社会科学版），2022，21 (1)：44 – 53.

[116] 张争胜，周永章. 城市旅游竞争力的实证研究——以广东省为例 [J]. 资源开发与市场，2005 (1)：13 – 16.

[117] 赵惠勋，李俊清，王凤有. 群体生态学 [M]. 哈尔滨：东北林业大学出版社，1990.

[118] 钟栎娜. 旅游地感知结构重构：基于文本与复杂网络分析的研究 [J]. 旅游学刊，2015，30 (8)：88 – 95.

［119］仲宁，吴小根，汪侠，等．基于网络文本分析的宜兴旅游地形象差异研究［J］．资源开发与市场，2018，34（8）：1168－1172.

［120］朱春全．生态位态势理论与扩充假说［J］．生态学报，1997（3）：324－332.

［121］朱佳玮，孙文章，岳秀峰．基于滨海环境资源特点的大连旅游承载状态评价［J］．地理科学，2021，41（4）：664－673.

［122］邹永广，李强红，朱尧．区位同构城市旅游发展差异及其影响因素——以福－厦－泉与广深－莞为例［J］．华侨大学学报（哲学社会科学版），2022（1）：49－63.

［123］ABRAMS R. Some comments on measuring niche overlap［J］. Ecology, 1980, 61（1）：44－49.

［124］ANDERSON J R. Cognitive Psychology and its Implications［M］. New York：Worth Publishers, 2005：21－24.

［125］ANDREU L, BIGNE J E, COOPER C. Projected and perceived image of Spain as a tourist destination for British travellers［J］. Journal of travel & tourism marketing, 2000, 9（4）：47－67.

［126］BALOGLU S, MCCLEARY K W. A model of destination image formation［J］. Annals of tourism research, 1999, 26（4）：868－897.

［127］BRAMWELL B, RAWDING L. Tourism marketing images of industrial cities［J］. Annals of tourism research, 1996, 23（1）：201－221.

［128］BRICIU V A, NECHITA F, DEMETER R, et al. Minding the gap between perceived and projected destination image by using information and communication platforms and software［J］. International journal of computational methods in heritage science,

2019, 3 (2): 1 –17.

[129] BRITTON R A. The image of the Third World in tourism marketing [J]. Annals of tourism research, 1979, 6 (3): 318 –329.

[130] CHEN C F, PHOU S. A closer look at destination: image, personality, relationship and loyalty [J]. Tourism management, 2013, 36 (1): 269 –278.

[131] CHOI S, LEHTO X Y, MORRISON A M. Destination image representation on the web: content analysis of Macau travel related websites [J]. Tourism management, 2007, 28 (1): 118 –129.

[132] COLWELL R K, FUTURMA D J. On the measurement of niche breadth and overlap [J]. Ecology, 1971, 52 (4): 567 –576.

[133] CROUCH G, RITCHIE J. Tourism, competitiveness, and societal prosperity [J]. Journal of business research, 1999, 44 (3): 137 –152.

[134] DAY J. Image selection in destination positioning: a new approach [J]. Journal of vacation marketing, 2002, 8 (2): 177 –186.

[135] DOIRON S, WEISSENBERGER S. Sustainable dive tourism: social and environmental impacts——the case of Roatan, Honduras [J]. Tourism management perspective, 2014 (10): 19 –26.

[136] DWYER L, FORSYTH P, RAO P. The price competitiveness of travel and tourism: a comparison of 19 destinations [J]. Tourism management, 2000, 21 (1): 9 –22.

[137] EKINCI Y, HOSANY S. Destination personality: an application of brand personality to tourism destinations [J]. Journal of travel research, 2006, 45 (2): 127 –139.

[138] ENRIGHT M J, NEWTON J. Determinants of tourism destination

competitiveness in Asia Pacific: Comprehensiveness and universality [J]. Journal of travel research, 2005, 43 (4): 339 – 350.

[139] FRENCH A, SMITH G. Measuring brand association strength: a consumer based brand equity approach [J]. European journal of marketing, 2013, 47 (8): 1356 – 1367.

[140] FRIEDMANN J. Regional development policy: a case study of Venezuela [M]. Cambridge, M. A.: MIT Press, 1966: 12 – 45.

[141] GHASEMI V, KUHZADY S. Pictorial Analysis of the Projected Destination Image: Portugal on Instagram [J]. Tourism Analysis, 2019, 24 (1): 43 – 54.

[142] GOOROOCHURN N, SUGIYARTO G. Competitiveness indicators in the travel and tourism industry [J]. Tourism economics, 2005, 11 (1): 25 – 43.

[143] GOVERS R, GO F M. Projected destination image online: website content analysis of pictures and text [J]. Information technology & tourism, 2005, 7 (2): 73 – 89.

[144] GRAY H. The contributions of economics to tourism [J]. Annals of tourism research, 1982, 9 (1): 105 – 125.

[145] GRAY L. New Zealand HRD practitioner competencies: application of the ASTD competency model [J]. The international journal of human resource management, 1999, 10 (6): 1046 – 1059.

[146] GRINNELL J. Geography and Evolution [J]. Ecology, 1924, 5 (3): 225 – 229.

[147] GRINNELL J. The niche-relationships of the California thrasher [J]. Auk, 1917, 34 (4): 4.

[148] GROSSPIETSCH M. Perceived and projected images of Rwanda: visitor and international tour operator perspectives [J]. Tourism

management，2006，27（2）：225 – 234.

［149］ HALL C M. Trends in ocean and coastal tourism：the end of the last frontier? ［J］. Ocean & coastal management，2001，44（4）：601 – 618.

［150］ HANNA S, ROWLEY J. The projected destination brand personalities of European capital cities and their positioning ［J］. Journal of marketing management，2019，35（11）：1135 – 1158.

［151］ HOSANY S, EKINCI Y, UYSAL M. Destination image and destination personality：an application of branding theories to tourism places ［J］. Journal of business research，2006，59（5）：638 – 642.

［152］ HUNT J D. Image as a factor in tourism development ［J］. Journal of travel research，1975，13（3）：1 – 7.

［153］ HUNTER W C. The social construction of tourism online destination image：A comparative semiotic analysis of the visual representation of Seoul ［J］. Tourism management，2016，54（2）：221 – 229.

［154］ HUTCHINSON G E. Concluding remarks ［J］. Cold spring harbor symposia on quantitative biology，1957，22（2）：415 – 427.

［155］ IORDANOVA E, STAINTON H. Cognition, emotion and trust：a comparative analysis of cambodia's perceived and projected online image ［J］. Tourist studies，2019，19（4）：496 – 519.

［156］ JOHN D R, LOKEN B, KIM K, et al. Brand concept maps：a Methodology for Identifying Brand Association Networks ［J］. Journal of marketing research，2006，43（4）：549 – 563.

［157］ KANG I, JEON S, LEE S, et al. Investigating structural relations affecting the effectiveness of service management ［J］.

Tourism management, 2005, 26 (3): 301 – 310.

[158] KELLER K L. Brand synthesis: the multidimensionality of brand knowledge [J]. Journal of consumer research, 2003, 29 (4): 595 – 600.

[159] KIM S E, LEE K Y, SHIN S I, et al. Effects of tourism information quality in social media on destination image formation: the case of Sina Weibo [J]. Information & management, 2017, 54 (6): 687 – 702.

[160] KIM S S, AGRAS J. The positioning of overseas honeymoon destinations [J]. Annals of tourism research, 2005, 32 (4): 887 – 904.

[161] KLEIN K, VLCKNER F, BRUNO H A, et al. Brand positioning based on brand image-country image fit [J]. Marketing science, 2019, 38 (3): 516 – 538.

[162] KOTLER P, BARICH H. A framework for marketing image management [J]. Sloan management review, 1991, 32 (2): 94 – 104.

[163] LAI K, LI Y. Core-periphery structure of destination image: concept, evidence and implication [J]. Annals of tourism research, 2012, 39 (3): 1359 – 1379.

[164] LEIBOLD M. The niche concept revisited: mechanistic models and community context [J]. Ecology, 1995, 76 (5): 1371 – 1382.

[165] LEW A, MCKERCHER B. Trip destinations, gate ways and itineraries: the example of Hong Kong [J]. Tourism management, 2002, 23 (6): 609 – 621.

[166] LIU Z, SIGUAW J A, ENZ C A. Using tourist travel habits and preferences to assess strategic destination positioning: the case of Costa Rica [J]. Cornell hospitality quarterly, 2008, 49 (3):

258 – 281.

[167] MADDEN K, RASHID B, ZAINOL N A. Beyond the motivation theory of destination image [J]. Tourism and hospitality management, 2016, 22 (2): 247 – 264.

[168] MCDOWELL A, CARTER R, POLLARD J. The impact of man on the shoreline environment of the Costa del Sol Southern Spain [J]. Tourism vsenvironment: the case for coastal areas. 1993: 189 – 209.

[169] MILNE G, MASON C. An ecological niche theory approach to the measurement of brand competition [J]. Marketing letters, 1990, 1 (3): 267 – 281.

[170] MOLINA A, ESTEBAN A. Tourism brochures: usefulness and image [J]. Annals of tourism research, 2006, 33 (4): 1036 – 1056.

[171] PAN S, LEE J, TSAI H. Travel photos: motivations, image dimensions, and affective qualities of places [J]. Tourism management, 2014, 40 (1): 59 – 69.

[172] PERKINS H C, THORNS D C. Gazing or performing? Reflections on Urry's tourist gaze in the context of contemporary experience in the Antipodes [J]. International sociology, 2001, 16 (2): 185 – 204.

[173] PETER E. Murphy. Strategic management for tourism communities: bridging the gaps [M]. Bristol: Multilingual Matters, 2004.

[174] PICAZO-PERAL P, MORENO-GIL S. Analysis of the projected image of tourism destinations on photographs: a literature review to prepare for the future [J]. Journal of vacation marketing, 2019, 25 (1): 3 – 24.

[175] PIKE S, RYAN C. Destination positioning analysis through a

comparison of cognitive, affective, and conative perceptions [J]. Journal of travel research, 2004, 42 (4): 5 – 16.

[176] PIKE S. Destination brand positions of a competitive set of near-home destinations [J]. Tourism management, 2009, 30 (6): 857 – 866.

[177] PLOG S C. "One Mo', Once": a commentary on the Litvin paper on the Plog psychographic system [J]. Cornell hotel and restaurant administration quarterly, 2006, 47 (3): 254 – 259.

[178] SOUIDEN N, LADHARI R, CHIADMI N E. Destination personality and destination image [J]. Journal of hospitality and tourism management, 2017, 32 (3): 54 – 70.

[179] SU L, STEPCHENKOVA S, DAI X. The core-periphery image of South Korea on the Chinese tourist market in the times of conflict over THAAD [J]. Journal of destination marketing and management, 2020, 5 (17): 1 – 12.

[180] TASIC A D A, KHALILZADEH J, PIZAM A, et al. Network analysis of the sensory capital of a destination brand [J]. journal of destination marketing & management, 2018, 9 (1): 112 – 125.

[181] WASSERMAN S, FAUST K. Social network analysis methods and applications [M]. New York: Cambridge University Press, 1997.

[182] WILLIAMS, PETER W. Strategic partnership development in small and medium sized tourism enterprises [J]. The tourist review, 1999, 54 (4): 20 – 35.

[183] WOBER K, GRETZEL U. Tourism managers' adoption of marketing decision support systems [J]. Journal of travel research, 2000, 39 (2): 172 – 181.

[184] WONG P P. Coastal tourism development in Southeast Asia: relevance and lessons for coastal zone management [J]. Ocean & coastal management, 1998, 38 (1): 89 – 109.

后　记

　　良性和谐的滨海旅游竞合是区域海洋经济高质量发展的重要内涵与应有之义。随着区域滨海旅游经济的发展，区域城市滨海旅游产业之间的竞争愈发激烈，如何科学合理地辨识区域城市滨海旅游的发展地位、态势以及城市间滨海旅游的竞合作用关系、程度以及历时演化过程，进而采取区域滨海旅游高质量发展策略成为当今区域滨海旅游系统健康可持续发展亟需解决的重要时代命题。基于对这种现实背景与问题的长期观察，作者发现国家以及地方政府高度重视的广东沿海经济带以及北部湾城市群具有研究案例的典型性与代表性。基于此，以广东沿海经济带和北部湾城市群为区域研究典型案例，作者们精心合作，成功申请获批广东省教育厅创新强校工程项目"广东沿海经济带滨海旅游经济生态位及协调性发展研究"（项目号：2020WQNCX024）、湛江市哲学社会科学规划课题"湛江在广东沿海经济带中的旅游竞争生态位及其优化的政策建议"（项目号：ZJ20QN02）以及广东省哲学社会科学学科共建项目"北部湾城市群旅游产业协同发展路径与模式研究"（项目号：GD17XGL23）等课题。这些课题的获批，让作者们意识到区域滨海旅游竞合发展研究对当地政府旅游等相关部门的政策制定与决策等具有重要的参考价值与意义。最终，经过 5 ～ 6 年的长时间探索与研究，一部分研究成果在《生态经济》《资源开发与市场》《中国海洋大学学报（社会科学版)》《大连海事大学学报（社会科学版》《世界地理研究》等期刊上发表，另外一部分成果则凝结在本书中。

本书虽然能在丰富相关理论与拓展区域滨海旅游竞合发展等方面具有价值与意义，但是也存在不足。首先，本书所采用的实证数据皆来源于官方统计数据，由于统计数据存在统计口径不一等问题，这会在一定程度上影响分析结果的可靠性；其次，滨海城市旅游发展水平实质上不完全等同于滨海旅游发展水平，而滨海旅游发展的数据很难从滨海城市旅游发展数据当中进行科学剥离，这也会在一定程度上影响滨海旅游发展分析的严谨性。综上，未来可通过采集统计数据、问卷调查数据、大数据等多源数据来进行全方位的实证与佐证分析，以此提高分析结果的可靠性；同时，可以尝试借鉴经济学、统计学等多种学科方法剥离出滨海旅游的实质发展水平，这对于滨海旅游发展的科学测评具有重要参考意义。无疑，区域滨海旅游竞合与高质量发展不仅关乎城市经济、生态、社会等维度，还关乎游客、居民等利益主体的幸福感，因此未来区域滨海旅游竞合与高质量发展还需以人的心理幸福感为导向构建发展测评指标体系，从而更加全面、客观、科学地反映区域滨海城市旅游发展质量。

在本书即将付梓之际，我想感谢广东海洋大学管理学院为本书出版提供的重要支持与帮助；感谢广东海洋大学旅游管理专业温靖妍、赵海翔、唐晨、陈培莹、王映茜、劳巧冰、李汶希、朱苑菁、黄彩雯同学在数据收集与整理方面提供的帮助；同时，也非常感谢中山大学出版社李先萍、高莹编辑及其同仁对此书出版的辛苦付出。最后，想感谢一路陪伴我、鼓励我、关爱我的妻子，是她默默无私的付出使我得以安心完成此书的撰写。

本书虽已完成，但由于笔者水平有限，其中不免存在错漏，恳请读者批评指正。

王强

广东海洋大学霞山校区

2024 年 1 月 6 日